Johann Wolfgang von Goethe

Götz von Berlichingen

Materialien und Kopiervorlagen
von Norbert Tholen

Lektorat: Kristina Oerke, Mira Fischer
Illustrationen: Marc Robitzky
ISBN 978-3-86316-445-4

INHALT

VORWORT

Götz von Berlichingen ist ein typischer Held des Sturm und Drang, ein „Selbsthelfer in anarchischer Zeit", wie der Dichter seinen Protagonisten 1812 in seinem autobiografischen Roman „Dichtung und Wahrheit" selbst bezeichnet. In einem Gedicht aus dem Singspiel „Lila" umschreibt Goethe 1777 diese kämpferische Haltung folgendermaßen:

„Allen Gewalten
Zum Trutz sich erhalten,
Nimmer sich beugen,
Kräftig sich zeigen,
Rufet die Arme
Der Götter herbei."

Doch Götz ist von Anfang an auch ein versehrter Held, der seine natürliche rechte Hand im Kampf verloren hat und nur mithilfe einer eisernen Prothese weiter agieren kann. Diese Beeinträchtigung lässt sich als Sinnbild für die persönliche Situation des Protagonisten verstehen: Die gesetzlichen und politischen Umstrukturierungen der Frühen Neuzeit stellten einen entschiedenen Eingriff in die Handlungsmöglichkeiten der freien Ritter dar. Mit der Verlobung zwischen seinem Jugendfreund Weislingen und seiner Schwester Maria scheint Götz zunächst noch einmal an die „guten alten Zeiten" anknüpfen zu können. Doch Weislingen ist schwach und verrät Götz und seine Ideale – für eine Frau, die schöne Adelheid von Walldorf, die im Auftrag des Bischofs von Bamberg handelt. Weislingens Einfluss auf den Kaiser bewirkt, dass gegen Götz die Reichsacht verhängt wird. Götz und seine Getreuen kämpfen für ihre Freiheit, müssen aber schließlich erkennen, dass die Zeiten des Kaisertums und somit auch die der freien Ritter vorüber sind: „Unsere Bahn geht zu Ende" (IV, 5; S. 97, Z. 9). Es ist also nicht nur der Gegner Weislingen, es sind die Umstände – die Zeitenwende zwischen Mittelalter und Neuzeit –, an denen Götz zugrunde geht.

Der freiheitsliebende, unkonventionelle Götz, der für seine Leute sorgt und sich gegenüber seinen Feinden menschlich verhält, ist ein Protagonist, der auch heute noch als Vorbild dienen kann. Ebenso sind Themen wie Intrigen und Verrat, menschliche Schwächen und Ideale geeignet, um Schülern ab der 10. Klasse Goethes Drama näherzubringen.

Dennoch wirft der Text einige Schwierigkeiten auf, die es im Unterricht zu bewältigen gilt: Zum einen ist das Stück nur verständlich, wenn man Hintergrundwissen über die Gesellschafts- und Herrschaftsstrukturen der Zeit um 1500 besitzt. Zum anderen sollte deutlich werden, dass Goethe mit seinem „Götz von Berlichingen" eines der ersten deutschen Geschichtsdramen schuf, d. h. die Darstellung der historischen Verhältnisse zielte auf eine Auseinandersetzung mit der Gesellschaft des ausgehenden 18. Jahrhunderts ab. Der junge Autor und Jurist kritisierte sowohl die Herrschaftsform des Absolutismus als auch das Rechtssystem seiner Zeit.

In den vorliegenden Materialien werden das Fremde und das Vertraute gleichermaßen berücksichtigt. Im Mittelpunkt steht die methodisch vielfältige und wissenschaftspropädeutische Erarbeitung von Handlung, Figurenkonstellationen sowie zentralen Szenen des Dramas. Gleichzeitig bieten kurze Texte, Bilder und zeitgenössische Lexikonartikel das für das Verständnis notwendige Hintergrundwissen. So ist es z. B. möglich, Götzens Konflikt mit Weislingen und seine Krise als Ergebnis geschichtlicher Entwicklungen zu begreifen. Wo es sich anbietet, sind die Schüler zudem aufgefordert, aus ihrer heutigen Sicht Position zu Themen und Fragestellungen zu beziehen. Darüber hinaus wird das Thema der Lektüre mithilfe eines kurzen Textes über die Bespitzelung der Bürger in der DDR aktualisiert und auf die jüngere Vergangenheit bezogen.

Den Kern einer möglichen Unterrichtsreihe bilden die Kopiervorlagen der Kapitel „Handlung und Figuren" sowie „Sprache und Stil". Die übrigen Arbeitsblätter können an passender Stelle eingebunden werden. Entsprechende Verknüpfungsmöglichkeiten werden im Lehrerteil aufgezeigt. Bei der Konzeption der Kopiervorlagen wurde davon ausgegangen, dass die Schüler das Stück sukzessive lesen und erarbeiten. Diese Vorgehensweise ist angesichts der Vielzahl an Figuren und Szenen zu empfehlen, aber nicht unabdingbar. Die Kopiervorlagen beziehen sich zwar aufeinander, sind jedoch auch unabhängig voneinander und in einer anderen Reihenfolge einsetzbar.

Die Seitenangaben im Material beziehen sich auf folgende Textausgabe: Johann Wolfgang Goethe: Götz von Berlichingen. Stuttgart: Reclam 2019. Die auf den Kopiervorlagen abgedruckten Quellentexte wurden behutsam an die heutige Rechtschreibung angepasst.

1. AUTOR UND ENTSTEHUNG

EINFÜHRUNG

Wieso kam Goethe auf die Idee, ausgerechnet über einen Mann der Zeitenwende um 1500 ein Schauspiel zu schreiben, also über jemanden, der rund 250 Jahre vor ihm gelebt hatte? „Die dunkleren Jahrhunderte der deutschen Geschichte hatten von jeher meine Wissbegierde und Einbildungskraft beschäftigt", schreibt Goethe in „Dichtung und Wahrheit" (III, 12. Buch. Goethes Werke in 14 Bänden, Bd. 10. Hamburg 1948 ff., S. 523 f.). Herder hat ihn sicher auf das 16. Jahrhundert als den „Mittelpunkt aller Geschichte hinter den Römern" hingewiesen. Zudem erinnert sich Goethe selbst, dass Klopstocks Schauspiel „Hermanns Schlacht" (1769) das deutsche Nationalgefühl mächtig erregt habe, ohne dass es dafür ein Feld politischen Agierens gegeben hätte. „Was aber von jener Sucht", schreibt 1814 der alte Herr als Minister kritisch, „in mich eingedrungen sein mochte, davon strebte ich mich kurz nachher im ‚Götz von Berlichingen' zu befrein, indem ich schilderte, wie in wüsten Zeiten der wohldenkende brave Mann allenfalls an die Stelle des Gesetzes und der ausübenden Gewalt zu treten sich entschließt, aber in Verzweiflung ist, wenn er dem anerkannten verehrten Oberhaupt zweideutig, ja abtrünnig erscheint" (ebd., S. 536). Für Goethe war der „Götz" also Ausdruck einer nationalen Begeisterung, die um 1770 in Deutschland zu spüren war. Vorbild für die Hauptfigur des Dramas war der historische Götz von Berlichingen, dessen Lebensbeschreibung dem jungen Autor bekannt war. An diesem schätzte er seinen aufrechten Charakter und die Bereitschaft, seine Sache auch gegenüber den Mächtigen selbst in die Hand zu nehmen.

Dieses Kapitel bietet Kopiervorlagen mit ergänzenden Informationen über Autor, Epoche, Motive für das Verfassen des „Götz" und die Entstehungsgeschichte. Da es sich um Materialien zur Vertiefung handelt, sollten sie erst im Laufe bzw. am Ende der Unterrichtsreihe zum Einsatz kommen.

Die ersten beiden Arbeitsblätter (S. 9 / 10) bieten einen kurzen Überblick über Goethes gesamtes Leben und Werk. Ab der dritten Kopiervorlage (S. 11) wird der Fokus auf die Jahre von 1771–75 gesetzt, die als „die ertragreichsten und bedeutendsten in Goethes Leben" (Meyers Großes Konversationslexikon, Bd. 8. Leipzig u. Wien 1907, Art. Goethe [I]) bezeichnet werden. Damit rückt der junge Goethe, der Autor des „Götz", in den Vordergrund.

Die Auseinandersetzung mit der zeitgenössischen Bedeutung des Adjektivs „deutsch", das synonym mit „offenherzig und redlich" verwendet wurde, führt zur Frage nach der zentralen Idee des Dramas, in dem ein typischer Vertreter „deutscher" Eigenschaften verewigt werden sollte. Anhand eines kurzen Lexikonartikels wird auch das Wissen über den historischen Götz, das bei Goethes Lesern vorausgesetzt werden konnte, nachgereicht.

Auf den folgenden beiden Arbeitsblättern (S. 12 / 13) bieten drei Quellentexte Informationen über den Entstehungsprozess des Werks.

Da Goethes Schauspiel typisch für den Sturm und Drang ist, liegt es nahe, auch über die Epoche einen Zugang zum Verständnis des Werks zu suchen: Das Gedicht „Prometheus" bietet *en miniature* typische Merkmale, die sich auch in Goethes Schauspiel wiederfinden (S. 14).

Lernziele

- Die Schüler gewinnen einen Überblick über Goethes Leben.
- Sie erhalten Einblick in den Entstehungsprozess des „Götz von Berlichingen".
- Sie lernen Goethes Motive und Absichten für das Verfassen des Dramas kennen.
- Sie setzen sich mit der literarischen Epoche des Sturm und Drang auseinander.

Zu den Kopiervorlagen Seiten 9 / 10: GOETHES LEBEN – ZAHLEN UND FAKTEN GOETHES LEBEN – WICHTIGE WEGBEGLEITER

Goethes Leben weist eine solche Fülle an Ereignissen, Personen und Werken auf und ist so reich dokumentiert, dass man es auf einer Kopiervorlage nur in einem kurzen Überblick über Zahlen und Fakten vorstellen kann. Darüber hinaus war Goethe ein Mensch, der aus dem Austausch mit Freunden und Gleichgesinnten vielfältige Anregungen aufnahm; diesem Umstand tragen die Bilder einiger wichtiger Wegbegleiter Rechnung – es wäre leicht, ihre Anzahl zu verdoppeln.

Mit der ersten Kopiervorlage, die die in der Literaturwissenschaft gängige Phaseneinteilung wiedergibt, erhalten die Schüler einen ersten Überblick über Goethes Leben. Dafür sollen sie zunächst die relativ knappe Darstellung auf *www.xlibris.de* lesen. Vertiefend müssen den auf der zweiten Kopiervorlage abgebildeten Personen die entsprechenden Namen und Lebensdaten zugeordnet werden. Die kurzen Bildüberschriften, die jeweils die Rolle beschreiben, die diese Menschen in Goethes Leben gespielt haben, können dabei behilflich sein. Dieser Arbeitsauftrag lässt sich am besten über eine Internetrecherche erledigen und eignet sich somit auch als Hausaufgabe. Für eine ausführliche Auseinandersetzung mit Goethes Weggefährten bietet es sich an, arbeitsteilig zusätzliche Informationen zu den genannten Personen sammeln und diese in Form von Kurzreferaten in der Klasse präsentieren zu lassen.

Für eine vertiefte Behandlung von Goethes Leben, speziell für die Jahre 1770–75, können Sie die Schüler auf *http://www.goethezeitportal.de/?id=800* (Dieter Borchmeyer: „DuMont Schnellkurs Goethe") oder *https://www.odysseetheater.org/goethe/goethe_10.htm* hinweisen.

Lösung Seite 10

1. Catharina Elisabeth Goethe (1731–1808)
2. Johann Caspar Goethe (1710–82)
3. Cornelia Goethe (1750–77)
4. Johann Gottfried Herder (1744–1803)

5. Friederike Brion (1752–1813)
6. Herzog Carl August von Sachsen-Weimar-Eisenach (1757–1828)
7. Charlotte von Stein (1742–1827)
8. Christoph Martin Wieland (1733–1813)
9. Christiane Vulpius (1765–1816)
10. Friedrich Schiller (1759–1805)
11. August von Goethe (1789–1830)
12. Johann Peter Eckermann (1792–1854)

■ Zur Kopiervorlage Seite 11: EINER DER „EDELSTEN DEUTSCHEN"?

„Ich dramatisiere die Geschichte eines der edelsten Deutschen", schrieb Goethe am 28. November 1771 an seinen Straßburger Freund Johann Daniel Salzmann. Mit diesem Satz ist die zentrale Idee des Schauspiels auf den Punkt gebracht. Mithilfe des Arbeitsblatts gehen die Schüler diesem Gedanken in zwei Richtungen nach: Was macht einen „edlen Deutschen" nach dem damaligen Sprachgebrauch aus? Und wieso betrachtete der Autor Goethe den historischen Götz von Berlichingen als einen der edelsten Deutschen?

Die erste Frage kann anhand zweier zeitgenössischer Lexikonartikel beantwortet werden (Aufgabe 1): Während das Adjektiv „edel" damals weitestgehend im heutigen Sinne gebraucht wurde (die ursprüngliche Bedeutung „adlig" war bereits in den Hintergrund getreten), bezeichnete „deutsch" nicht nur eine Sprache oder eine Nation, sondern umschrieb auch ein Ideal des „alten Deutschen", der sich durch besondere Offenheit und Rechtschaffenheit auszeichnete.

Anhand eines kurzen Artikels aus Zedlers Universallexikon erhalten die Schüler erste Informationen über den historischen Götz von Berlichingen und können Vermutungen darüber anstellen, warum Goethe sich entschieden hat, über diese Person zu schreiben (Aufgabe 2). Um Götz von Berlichingen als den „edelsten Deutschen" im zeitgenössischen Sinne charakterisieren zu können, musste Goethe allerdings weitere Quellen heranziehen. Er selbst hatte 1771 die vierzig Jahre zuvor gedruckte Lebensbeschreibung Götzens gelesen und rechtsgeschichtlich die Epoche um 1500 studiert (vgl. „Weiterführende Anregungen" zur KV „Die Entstehung des ‚Götz'", S. 7).

Da Goethes Zeitgenossen über Götz von Berlichingen vermutlich nicht mehr wussten, als in den zeitgenössischen Lexika vermerkt war, war Goethes Rückgriff auf den alten Ritter für sie sicherlich auf den ersten Blick nicht einsichtig; so musste Goethe seine Leser zusätzlich durch seine Charakterisierung der Figur überzeugen.

Beide Aufgaben lassen sich in Partnerarbeit erledigen. Zur Intention des Autors sowie zur Aktualität dieses „deutschen" Stücks können die Schüler erst im Anschluss an die Besprechung des Dramas Stellung nehmen. Daher sollten Sie das Arbeitsblatt erst am Ende der Unterrichtsreihe im Zusammenhang mit der Kopiervorlage „Götz als Vorbild?" (S. 66) einsetzen.

Möglicher Einstieg

Einen motivierenden Einstieg in die Thematik bietet die Frage, welche Menschen die Schüler selbst als die bedeutendsten bzw. hervorragendsten Deutschen betrachten. Die Namen können an der Tafel oder am Whiteboard im Unterrichtsgespräch gesammelt werden. Wenn etwas mehr Zeit zur Verfügung steht, kann jeder Schüler zunächst für sich bis zu zehn Namen notieren. Machen Sie die Vorgabe, dass mindestens zwei Verstorbene dazu zählen sollten, um eine größere Bandbreite zu gewährleisten.

Anschließend wird das Arbeitsblatt ausgeteilt. Die Ergebnisse der kleinen Umfrage können dann im Rahmen einer Diskussion über heutige Kriterien für „Größe" (vgl. „Weiterführende Anregung" unten) ausgetauscht und untersucht werden.

Lösung

Aufgabe 1
Bedeutungsnuancen des Adjektivs „deutsch": die gesamte deutsche Sprache; deutlich, offenherzig, ehrlich; redlich, rechtschaffen.
Bedeutungsnuancen des Adjektivs „edel": adlig (Herkunftsmerkmal); durch Gelehrsamkeit und Verdienste hervorstechend; rechtmäßig, echt, das Beste seiner Art; die vornehmsten, würdigsten Personen in einem Staat.

Aufgabe 2
Wahrscheinlich greifen die Schüler den Hinweis auf, dass Götz im Krieg Gefangene verschonte, obwohl er sich damit selbst zum Teil in Lebensgefahr brachte; vielleicht nennen einige auch die mit dem Adjektiv „deutsch" verbundene Offenheit und Rechtschaffenheit. – Die vorliegenden Informationen reichen allerdings kaum aus, um in Götz einen der edelsten Deutschen zu sehen.

Weiterführende Anregung

Wodurch wird jemand nach heutigem Verständnis zu einem der „edelsten Deutschen"? Entwickeln und diskutieren Sie im Plenum geeignete Bewertungskriterien. Als Diskussionsanreiz können Sie den Schülern auch Rankings vorlegen (z. B. eine Liste der zehn größten Deutschen, die 2003 im Rahmen einer Fernsehshow ermittelt wurden, vgl. *https://de.wikipedia.org/wiki/Unsere_Besten*).

■ Zu den Kopiervorlagen Seiten 12 / 13: DIE ENTSTEHUNG DES „GÖTZ"

Die erste Fassung des Dramas „Götz von Berlichingen" schrieb Goethe Ende 1771 innerhalb von nur sechs Wochen, nachdem er sich schon längere Zeit mit dem Gedanken getragen hatte, in Anlehnung an die Werke Shakespeares aus der Lebensbeschreibung des historischen Götz von Berlichingen ein Geschichtsdrama zu machen. Diese – in der Forschung als „Urgötz" bezeichnete – Fassung wurde erst 1832 posthum unter dem Titel „Geschichte Gottfriedens von Berlichingen mit der eisernen Hand" veröffentlicht.

Bereits 1773 erschien hingegen die auf Herders Kritik hin überarbeitete Fassung des „Götz“. Herders Kritik an der ersten Fassung des „Götz“ ist der Nachwelt nur indirekt über einen Antwortbrief Goethes erhalten, den dieser Mitte Juli 1772 aus Wetzlar geschrieben hat: „Von ‚Berlichingen‘ ein Wort. Euer Brief war Trostschreiben; ich setzte ihn weiter schon herunter als Ihr. Die Definitiv, dass Euch Shakespeare ganz verdorben pp. erkannt' ich gleich in ihrer ganzen Stärke; genug, es muss eingeschmolzen, von Schlacken gereinigt, mit neuem edlerem Stoff versetzt und umgegossen werden. Dann soll's wieder vor Euch erscheinen. Es ist alles nur gedacht. Das ärgert mich genug.“ Was Goethe in „Dichtung und Wahrheit“ später über die Entstehung des Jugenddramas schreibt, wird man nicht immer als pure Wahrheit, sondern auch als „Dichtung“ bzw. Selbststilisierung des alten Herrn lesen.

Mithilfe der auf dem zweiten Arbeitsblatt (S. 13) abgebildeten Quellentexte sollen die Schüler fiktive Interviewfragen nach Goethes Motiven für die Dramatisierung von Götzens Leben sowie für die Überarbeitung des ersten Entwurfs beantworten. Diese Aufgabe kann in Partnerarbeit erledigt und in Form einer kurzen szenischen Darstellung präsentiert werden. Sichern Sie die Ergebnisse in einem klar aufgebauten Tafelbild.

Es empfiehlt sich, erst im Verlauf der Reihe auf die Frage einzugehen, wie dieses ungewöhnliche Schauspiel entstanden ist, eventuell im Zusammenhang mit der Kopiervorlage „Die Form des Dramas – eine Überschreitung aller Theatergrenzen?“ (S. 59).

Lösung

1. „Die Lektüre von Shakespeares Werken hat bewirkt, dass ich mich von den Fesseln künstlerischer Vorschriften befreite. Shakespeare zeigt nicht ‚Theater‘, sondern die Geschichte der Welt in Bildern; bei ihm stößt das freie Subjekt mit dem gesetzmäßigen Gang der Geschichte zusammen, woraus sich sein Schicksal ergibt.“
2. „Ausgangspunkt war sicherlich die Lektüre der Lebensdarstellung des historischen Götz von Berlichingen. Danach war es mir ein Anliegen, das Andenken eines ehrenhaften Mannes zu bewahren. Darüber hinaus hatte ich so das Gefühl, in meinem langweiligen Frankfurter Advokaten-Alltag etwas Sinnvolles zu tun.“
3. „Ich wollte mich den historischen Ereignissen zunächst in meiner Fantasie nähern. Ein regelmäßiger Austausch darüber mit meiner Schwester Cornelia bewirkte schließlich, dass ich eines Morgens zu schreiben begann – ohne vorher einen Plan gefasst zu haben. Ich stellte dann meine erste Fassung des ‚Götz‘ innerhalb von sechs Wochen fertig.“
4. „Nachdem Herder die erste Fassung kritisiert hatte, sah ich mir das Stück mit einigem Abstand selbst noch einmal genauer an. Ich erkannte, dass im zweiten Teil die Darstellung der Figur Adelheid zu viel Raum einnahm, wodurch die Einheit des Themas zerstört war. Daraufhin überarbeitete ich das Drama, sodass es mehr historischen und nationalen Gehalt bekam. Ich komponierte es strenger als Kunstwerk und strich alles nur gefühlsmäßig Interessante.“

Weiterführende Anregungen

- Goethe sagt selbst, dass er Götzens Autobiografie gelesen hat (Götz von Berlichingen: Lebensbeschreibung des Ritters Götz von Berlichingen mit der eisernen Hand. Nürnberg 1731), also von seinem Helden mehr wusste als das, was zur damaligen Zeit im Lexikon nachzulesen war. Ein vollständiger Vergleich zwischen Quelle und Dramentext ist im Unterricht sicherlich zu aufwendig, eignet sich aber als Thema für eine Facharbeit (vgl. *https://christine-kunzmann.de/pdf/referat_goetz.pdf*). Götzens Lebensbeschreibung ist in Übersetzung und mit einem Nachwort versehen bei Reclam (RUB 1556) erschienen und noch antiquarisch erhältlich.
- Goethes Rede „Zum Shakespeares Tag“ finden Sie im Internet unter *http://www.zeno.org/Literatur/M/Goethe,+Johann+Wolfgang/Theoretische+Schriften/Zum+Schäkespears+Tag*, ebenso seine Briefe unter *http://www.zeno.org/Literatur/M/Goethe,+Johann+Wolfgang/Briefe/1771*.

Zur Kopiervorlage Seite 14: DIE EPOCHE DES STURM UND DRANG

Mithilfe des auf dieser Kopiervorlage abgebildeten Gedichts „Prometheus“ (1774) sollen die Schüler ein Gespür für die Epoche des Sturm und Drang entwickeln. Das Gedicht braucht nur so weit untersucht zu werden, wie es für das Verständnis der Epoche nötig ist.

Die ersten beiden Aufgaben, die der Erschließung von Form und Inhalt dienen, können von den Schülern in Kleingruppen, Partner- oder Einzelarbeit (z. B. als Hausaufgabe) erledigt werden. Falls nötig, geben Sie ihnen vorab zentrale Informationen über das lyrische Ich Prometheus an die Hand (vgl. Infokasten unten). Die Frage nach typischen Merkmalen des Sturm und Drang (Aufgabe 3) sollte im Plenum erörtert werden. Greifen Sie dabei auf die im Infokasten (S. 8) genannten Merkmale zurück.

Die Kopiervorlage kann vor der Lektüre des Dramentextes zum Einsatz kommen; besser wird man jedoch über die Epoche erst sprechen, wenn zwei, drei Akte des Stücks gelesen worden sind, z. B. im Zusammenhang mit der Kopiervorlage „Die Form des Dramas – eine Überschreitung aller Theatergrenzen?“ (S. 59).

i

Prometheus ist eine Gestalt der griechischen Mythologie. Selbst Sohn eines Titanen, kämpft er mit Zeus gegen die alten Götter, die Titanen. Gegen den Willen des Göttervaters bringt er den Menschen das Feuer und trägt so zur Weiterentwicklung ihrer Kultur bei. Zur Strafe lässt Zeus ihn an einen Felsen im Kaukasus schmieden, bis Herakles ihn befreit. Später wurde auch erzählt, Prometheus habe wie ein Gott Menschen aus Ton geformt. – Goethe geht frei mit dem Mythos um. Ort und Zeit der Auseinandersetzung mit Zeus bleiben unbestimmt; entscheidend ist allein, dass Prometheus sich aus eigener Kraft gegen Zeus behauptet.

Merkmale des Sturm und Drang (etwa 1765 – 90)
- Bewegung bestand überwiegend aus jungen Autoren
- Radikalisierung des Aufklärungsgedanken
- Verherrlichung des „Originalgenies" (als Leitbild des Menschen und Künstlers, der Regeln und Gesetze aus sich selbst heraus schöpft)
- Betonung des Gefühls (statt der Vernunft)
- Brechen mit religiösen und staatlichen Autoritäten
- Verwerfen traditioneller literarischer Formen (z. B. offenes statt geschlossenes Drama, Prosa statt Versform)

Möglicher Einstieg
Tragen Sie Goethes Rollengedicht in einem angemessen aufrührerischen und kämpferischen Ton vor, um über den Klang einen ersten Zugang zum Text und zur Epoche zu ermöglichen. Vorbereitend kann der eigene Vortrag mit dem professioneller Sprecher verglichen werden: Beispiele finden Sie unter *https://www.youtube.com/watch?v=p84YdLr0xAM* (ab Minute 2:55) und *https://www.deutschelyrik.de/prometheus.html* im Internet.

Lösung
Aufgabe 1
Das Gedicht ist ein Monolog (Selbstgespräch) des Prometheus, ein Rollengedicht. Das lyrische Ich setzt sich mit Zeus, dem obersten Gott, und den Göttern auseinander, als ob sie anwesend wären.

Aufgabe 2
1. Str.: Selbstbehauptung gegen Zeus, mit Spott verbunden; 2. Str.: Ausdehnung des Spotts auf alle Götter; 3. – 6. Str.: Prometheus erzählt, wie er im Laufe seines Lebens Autonomie errungen hat (religiöses Irren, enttäuschtes Hoffen, Kämpfen und Leiden, Reifen aus eigener Kraft: „Heilig glühend Herz", V. 33); in rhetorischen Fragen (4. – 6. Str.) wehrt er Zeus' Anspruch auf Dank und Verehrung ab; 7. Str.: In der Neuschöpfung von Menschen zeigt er trotzig göttergleiches Selbstverständnis und Selbstverwirklichung.

Aufgabe 3
Typisch für den Sturm und Drang:
- Auflehnung gegen die Autorität des Zeus
- Konflikt mit der Religion
- Das Rollen-Ich als Originalgenie, d. h. als der schöpferische Mensch
- Neue Form: freie Rhythmen, freie Strophenform, Neologismen (z. B. Opfersteuern, Gebetshauch, Rettungsdank).

Weiterführende Anregungen
- Dichter und Gedichtsprecher, hier das Rollen-Ich Prometheus, werden häufig einfach gleichgesetzt. Es ist daher reizvoll, den Helden des zwischen 1772 und 1774 entstandenen Gedichts mit einer Selbstdarstellung Goethes (Brief vom 25. 12. 1773 an seinen Freund Kestner) zu vergleichen: „Mein Vater hätte zwar nichts dagegen wenn ich in fremde Dienste ginge, auch hält mich hier weder Liebe noch Hoffnung eines Amts – und so scheint es könnt ich wohl einen Versuch wagen, wieder einmal wie's draußen aussieht. Aber Kestner, die Talente und Kräfte die ich habe, brauch ich für mich selbst gar zu sehr, ich bin von jeher gewohnt nur nach meinem Instinkt zu handeln, und damit könnte keinem Fürsten gedient sein. Und dann bis ich politische Subordination lernte – Es ist ein verfluchtes Volk, die Frankfurter, pflegt der Präsident v. Moser zu sagen, man kann ihre eigensinnige[n] Köpfe nirgends hin brauchen. Und wenn auch das nicht wäre, unter allen meinen Talenten ist meine Jurisprudenz der geringsten eins" (Goethes Werke. Weimarer Ausgabe, IV. Abteilung, Bd. 2. Weimar 1887, S. 135). – Übereinstimmungen in folgenden Punkten: Talente und Kräfte für sich selbst brauchen; nach dem eigenen Instinkt handeln; Abneigung gegen politische Unterordnung; eigensinniger Kopf; nicht gut ausgebildet, aber lernbereit. In der Radikalität seiner Autonomiebestrebungen weicht Goethe entschieden von seinem lyrischen Ich Prometheus ab: Er erwähnt seinen Vater als Autorität, der Tonfall seiner Äußerung ist von Reflexion statt von Auflehnung geprägt. Gegen eine simple Gleichsetzung von Autor und lyrischem Ich spricht auch die Tatsache, dass Goethe neben dem „Prometheus" 1774 das Gedicht „Ganymed" schrieb und dass er beide Gedichte im Alter immer im Zusammenhang mit dem „Göttlichen" und den „Grenzen der Menschheit", in denen die Menschen voller Respekt auf die Götter blicken (sollen), erscheinen ließ.
- In Goethes „Götz" finden sich nicht nur Merkmale des Sturm und Drang, sondern auch der Empfindsamkeit; solche benachbarten literarischen Strömungen kann man nie vollkommen voneinander trennen. Die Empfindsamkeit können Sie den Schülern in einem kurzen Lehrervortrag (mit Tafelbild) oder in Form eines kurzen Schülerreferats vorstellen. Es empfiehlt sich, dieses Thema mit der Besprechung des zweiten Akts zu verbinden. Alternativ kann auch rückblickend auf die im Infokasten genannten Textstellen verwiesen werden, aus denen die Schüler dann Merkmale der Empfindsamkeit herausarbeiten sollen.

Empfindsamkeit
- Literarische Strömung innerhalb der Aufklärung (etwa seit 1740)
- Ausdruck der bürgerlichen Emanzipation
- Dehnte sich vom Religiösen in den Bereich der Familie aus
- Gefühlsbetonte Innerlichkeit, moralische Ideale
- Natur und Freundschaftszirkel als Orte des neuen Erlebens
- Paradigma ist Goethes Roman „Die Leiden des jungen Werthers" (1774)
- Spuren im „Götz von Berlichingen" (z. B. S. 32, Z. 12 – 17; S. 32, Z. 29 – 31; S. 33, Z. 28 – 34)

GOETHES LEBEN – ZAHLEN UND FAKTEN

Lesen Sie die Lebensbeschreibung Goethes unter *https://www.xlibris.de/Autoren/Goethe/Biographie/Seite1*, **an der sich der folgende Überblick orientiert.**

Erste Jugendzeit. Frankfurt (1749–65)

- Geburt am 28. August 1749
- Privatunterricht zu Hause

Studium. Leipzig (1765–68)

- Jurastudium und künstlerische Ausbildung
- Erste „große" Liebe

Eine Krise. Frankfurt (1768–70)

- Erholung in Frankfurt
- Auseinandersetzung mit mystischen und religiösen Fragestellungen

Straßburg. Sesenheim (1770/71)

- Abschluss des Studiums
- Begegnung mit Herder, Lenz und Jung-Stilling
- Liebesbeziehung zu Friederike Brion

Rechtsanwalt. Frankfurt, Wetzlar (1771–75)

- Tätigkeit als Rechtsanwalt beim Schöffengericht Frankfurt sowie als Praktikant am Reichskammergericht Wetzlar
- 1771 Urfassung des „Götz von Berlichingen mit der eisernen Hand" entsteht.
- Aussichtslose Liebe zu der bereits verlobten Charlotte Buff
- 1774 „Die Leiden des jungen Werthers" erscheinen.
- 1775 Verlobung mit Lili Schönemann

Weimar, erste Phase (1775–86)

- Einladung durch Herzog Carl August von Sachsen-Weimar-Eisenach
- Begegnung mit Charlotte von Stein und Christoph Martin Wieland
- Anstellung als Geheimer Legationsrat in der Verwaltung des Herzogtums
- 1779 Die Prosafassung des Dramas „Iphigenie auf Tauris" entsteht.

Italien (1786–88)

- Begeisterung für die Antike
- Literarische Arbeit, naturwissenschaftliche Studien

Weimar, zweite Phase (1788–94)

- Christiane Vulpius wird seine Lebensgefährtin (Heirat 1806).
- Leitung des Hoftheaters

Weimar, dritte Phase (1794–1805)

- Freundschaft und Zusammenarbeit mit Friedrich Schiller
- 1795/96 „Wilhelm Meisters Lehrjahre" erscheinen.

Weimar, letzte Phase (1805–32)

- 1808 „Faust I" wird veröffentlicht.
- 1808 Begegnung mit Napoleon
- 1832 „Faust II" wird veröffentlicht.
- Tod am 22. März 1832

GOETHES LEBEN – WICHTIGE WEGBEGLEITER

Tragen Sie unter den Bildern die Namen und Lebensdaten der Menschen ein, die in Goethes Leben eine zentrale Rolle gespielt haben.

1. Eine mütterliche Frohnatur

____

____

2. Vater, Jurist und Sammler

____

____

3. Geburtshelferin des „Götz von Berlichingen“

____

____

4. Mentor und Freund

____

____

5. „Willkommen und Abschied“

____

____

6. Ein interessierter junger Landesherr

____

____

7. Eine leidenschaftliche Briefaffäre

____

____

8. „Götter, Helden und ...“

____

____

9. Eine nicht standesgemäße Beziehung

____

____

10. Ein kongenialer Dichterfreund

____

____

11. Sorgte für Goethes Fortleben, ohne ihn zu überleben

____

____

12. Wichtiger Gesprächspartner der letzten Jahre

____

____

EINER DER „EDELSTEN DEUTSCHEN"?

Am 28. November 1771 schrieb Goethe über sein aktuelles Projekt an seinen Freund Johann Daniel Salzmann: „Ich dramatisiere die Geschichte eines der edelsten Deutschen."

1. Arbeiten Sie aus den beiden zeitgenössischen Lexikoneinträgen heraus, welche Bedeutung die Adjektive „deutsch" und „edel" Ende des 18. Jahrhunderts hatten.

Deutsch, adj. et adv. den Deutschen eigen oder gemäß, aus dem Lande der Deutschen.
1. Eigentlich. *Die deutsche Tracht. Die deutsche Sprache.* [...] *Die deutsche Treue, deutsche Redlichkeit, welcher sich die Deutschen ehedem beflissen.* [...]
2. In engerer Bedeutung, die deutsche Sprache und zwar, 1) die gesamte deutsche Sprache, ohne Rücksicht auf ihre Mundarten. [...] 2) In noch engerer Bedeutung, *die hochdeutsche Mundart*, welche man oft allein darunter verstehet, wenn man Ausdrücke rein deutsch, zierlich deutsch und undeutsch nennet.
3. Figürlich. 1) Deutlich, im gemeinen Leben. *Ich will dir's fein deutsch sagen. Diesem schreibt man zu dunkel, jenem gar zu teutsch,* Opitz. 2) Offenherzig, eine bekannte Eigenschaft der ehemaligen Deutschen. *Ich will es dir deutsch sagen, ohne Umschweife, offenherzig. Das ist, deutsch zu sagen, nicht an dem. Deutsch von der Leber weg sprechen.* 3) Redlich, rechtschaffen, unverstellt, nach Art der alten Deutschen, in welcher Bedeutung dieses Wort noch im Oberdeutschen sehr üblich ist. *Auf guten deutschen Glauben. In redlichem deutschen Vertrauen. Da uns viele vornehme Stände mit deutschen Herzen und Mut beigetreten sind. Aus wahrem deutsch-patriotischen Eifer. Ein deutsches, aufrichtiges, gewisses Versprechen. Eine deutsche, aufrichtige, genaue Einigkeit.* [...]

JOHANN CHRISTOPH ADELUNG: Grammatisch-kritisches Wörterbuch der hochdeutschen Mundart, Bd. 1. Leipzig 1793, Sp. 1472.

Edel, edler, edelste, adj. et adv. welches von den ältesten Zeiten an in sehr verschiedenen Bedeutungen gebraucht worden.
1. Die erste und älteste Bedeutung, wenigstens von welcher man in Schriften Nachricht hat, ist verwandt, von dem alten nordischen Worte *Ärr, Geschlecht*, S. *Atte.* [...]
5. Auch dem bürgerlichen Stande eigen, unter welchem diejenigen, die sich durch Gelehrsamkeit und Verdienste von andern unterschieden, edel und Edele genannt wurden. Und in diesem Verstande sind noch jetzt die Wörter edel, wohledel, hochedel, edelgeboren, wohledelgeboren und hochedelgeboren üblich, die man Personen bürgerlichen Standes nach Maßgebung ihrer Würde erteilet. [...]
6. Am häufigsten wird dieses Wort in figürlichem Verstande gebraucht, und da bedeutet es, 1) rechtmäßig, echt [...]. 2) Vorzüglich, das Beste in seiner Art, in welchem Verstande schon Isidor *adhal* gebraucht. Die Edlen des Volkes, in der bibl. und höhern Schreibart, die vornehmsten, die würdigsten Personen in einem Staate, nicht allein dem Stande, sondern auch der Tugend, der Denkungsart nach. *Die Edelsten in Israel sind auf deiner Höhe erschlagen,* 1. Sam. 1,19. [...]

JOHANN CHRISTOPH ADELUNG: Grammatisch-kritisches Wörterbuch der hochdeutschen Mundart, Bd. 1. Leipzig 1793, Sp. 1635 f.

2. Diskutieren Sie auf der Grundlage des folgenden Textes, was Goethe an Götz fasziniert haben könnte.

Gottfried von Berlichingen auf Gundelsheim geriet mit Kur-Mainz in Krieg, und nahm darinnen Graf Philippen von Waldeck gefangen, welchen aber Graf Albrecht von Mannsfeld anno 1516 wieder losmachte. In dem großen Bauern-Kriege ließ er sich zum Heerführer derer Bauern gebrauchen, und hatte man es ihm allein zu danken, dass in dem Erz-Stifte Mainz und am Schwarzwalde die adeligen Schlösser nicht verbrannt, auch viele Gefangene beim Leben erhalten wurden, wiewohl sie ihn, weil er mit ihrer Grausamkeit nicht einstimmen wollte, öfters durch die Spieße jagen wollten. Götz war Herzog Ulrichs von Württemberg Oberster in dem Zuge wider den Schwäbischen Bund, und musste demselben, da er gefangen wurde, 2000 Rheinische Gulden erlegen.

JOHANN HEINRICH ZEDLER: Großes vollständiges Universallexikon aller Wissenschaften und Künste, Artikel „Berlichingen", Bd. 3. Halle und Leipzig 1733, Sp. 1330 f.

DIE ENTSTEHUNG DES „GÖTZ" (1)

Beantworten Sie mithilfe der auf der zweiten Seite abgebildeten Quellentexte folgende Interviewfragen aus Goethes Sicht.

1. Herr Goethe, was hat die Lektüre von Shakespeares Werken für Sie bedeutet?
2. Was hat Sie dazu motiviert, die erste Fassung Ihres Dramas „Götz von Berlichingen" zu schreiben?
3. Wie sind Sie beim Verfassen des Werks vorgegangen?
4. Warum haben Sie die erste Fassung 1773 noch einmal überarbeitet?

1. ________________

2. ________________

3. ________________

4. ________________

DIE ENTSTEHUNG DES „GÖTZ“ (2)

Johann Wolfgang von Goethe: Rede zum Shakespeares Tag (14. Oktober 1771)

Ich zweifelte keinen Augenblick, dem regelmäßigen Theater zu entsagen. Es schien mir die Einheit des Orts so kerkermäßig ängstlich, die Einheiten der Handlung und der Zeit lästige Fesseln unsrer Einbildungskraft. Ich sprang in die freie Luft und fühlte erst, dass ich Hände und Füße hatte. [...] Shakespeares Theater ist ein schöner Raritätenkasten, in dem die Geschichte der Welt vor unsern Augen an dem unsichtbaren Faden der Zeit vorbeiwallt. Seine Plane sind, nach dem gemeinen Stil zu reden, keine Plane, aber seine Stücke drehen sich alle um den geheimen Punkt (den noch kein Philosoph gesehen und bestimmt hat), in dem das Eigentümliche unsres Ichs, die prätendierte [d. h. vorausgesetzte] Freiheit unsres Wollens, mit dem notwendigen Gang des Ganzen zusammenstößt. [...]

Goethes Werke, Bd. XII. Textkritisch durchgesehen von Erich Trunz und Hans Joachim Schrimpf. München 1981 (9. Auflage), S. 225 f.

Johann Wolfgang von Goethe an Johann Daniel Salzmann (28. November 1771)

Mein ganzer Genius liegt auf einem Unternehmen worüber Homer und Shakespeare und alles vergessen worden. Ich dramatisiere die Geschichte eines der edelsten Deutschen, rette das Andenken eines braven Mannes, und die viele Arbeit die mich's kostet, macht mir einen wahren Zeitvertreib, den ich hier so nötig habe, denn es ist traurig an einem Ort zu leben wo unsre ganze Wirksamkeit in sich selbst summen muss. [...] Wenn's fertig ist sollen Sie's haben, und ich hoff Sie nicht wenig zu vergnügen, da ich Ihnen einen edeln Vorfahr (die wir leider nur von ihren Grabsteinen kennen) im Leben darstelle. Dann weiß ich auch Sie lieben ihn auch ein bisgen weil ich ihn bringe.

Der junge Goethe, Bd. 2. Neu bearb. Ausgabe in fünf Bänden. Hg. von Hanna Fischer-Lamberg. Berlin / New York 1963, S. 69.

Johann Wolfgang von Goethe: Dichtung und Wahrheit (1814)

Das Leben des biedern [d. h. anständigen, ehrbaren] Götz von Berlichingen, von ihm selbst geschrieben, trieb mich in die historische Behandlungsart, und meine Einbildungskraft dehnte sich dergestalt aus, dass auch meine dramatische Form alle Theatergrenzen überschritt und sich den lebendigen Ereignissen mehr und mehr zu nähern suchte. Ich hatte mich davon, so wie ich vorwärtsging, mit meiner Schwester umständlich unterhalten [...], dass sie zuletzt ungeduldig und wohlwollend dringend bat, mich nur nicht immer mit Worten in die Luft zu ergehen, sondern endlich einmal das, was mir so gegenwärtig wäre, auf das Papier festzubringen. Durch diesen Antrieb bestimmt, fing ich eines Morgens zu schreiben an [...]. Ich schrieb die ersten Szenen, und abends wurden sie Cornelien vorgelesen. Sie schenkte ihnen viel Beifall, jedoch nur bedingt, indem sie zweifelte, dass ich so fortfahren würde [...]. Dies reizte mich nur umso mehr, ich fuhr den nächsten Tag fort [...]; und so hielt ich mich ununterbrochen ans Werk, [...] und in etwa sechs Wochen hatte ich das Vergnügen, das Manuskript geheftet zu erblicken. [I]ch sendete es Herdern zu, der sich unfreundlich und hart dagegen äußerte [...]. Ich ließ mich dadurch nicht irremachen, sondern fasste meinen Gegenstand scharf ins Auge [...] und als ich nach einiger Zeit mein Werk wie ein fremdes betrachten konnte, so erkannte ich freilich, dass ich, bei dem Versuch auf die Einheit der Zeit und des Orts Verzicht zu tun, auch der höheren Einheit, die um desto mehr gefordert wird, Eintrag getan hatte. Da ich mich, ohne Plan und Entwurf, bloß der Einbildungskraft und einem inneren Trieb überließ, so war ich von vornherein ziemlich bei der Klinge geblieben, und die ersten Akte konnten für das, was sie sein sollten, gar füglich gelten; in den folgenden aber, und besonders gegen das Ende, riss mich eine wundersame Leidenschaft unbewusst hin. Ich hatte mich, indem ich Adelheid liebenswürdig zu schildern trachtete, selbst in sie verliebt, unwillkürlich war meine Feder nur ihr gewidmet [...]. Diesen Mangel, oder vielmehr diesen tadelhaften Überfluss, erkannte ich gar bald, da die Natur meiner Poesie mich immer zu Einheit hindrängte. Ich [...] suchte [meinem Werk] immer mehr historischen und nationalen Gehalt zu geben, und das, was daran fabelhaft oder bloß leidenschaftlich war, auszulöschen [...].

Johann Wolfgang von Goethe: „Dichtung und Wahrheit“, Dritter Teil, 13. Buch. In: Goethes Werke, Bd. IX. Textkritisch durchgesehen von Liselotte Blumenthal. München 1981 (9. Auflage), S. 570–572.

DIE EPOCHE DES STURM UND DRANG

1. Beschreiben Sie kurz die literarische Form des Gedichts.

2. Geben Sie den Inhalt des Gedichts mit eigenen Worten wieder. Berücksichtigen Sie die vorgegebenen Fragestellungen.

a) Welches Bild hat das lyrische Ich von den Göttern?
b) Welches Bild hat das lyrische Ich von sich selbst?
c) Welche Konsequenzen zieht das lyrische Ich in der letzten Strophe?

Johann Wolfgang von Goethe: Prometheus (1774)

Bedecke deinen Himmel, Zeus,
Mit Wolkendunst,
Und übe, dem Knaben gleich,
Der Disteln köpft,
An Eichen dich und Bergeshöhn;
Musst mir meine Erde
Doch lassen stehn
Und meine Hütte, die du nicht gebaut,
Und meinen Herd,
Um dessen Glut
Du mich beneidest.

Ich kenne nichts Ärmeres
Unter der Sonn als euch, Götter!
Ihr nähret kümmerlich
Von Opfersteuern
Und Gebetshauch
Eure Majestät
Und darbtet, wären
Nicht Kinder und Bettler
Hoffnungsvolle Toren.

Da ich ein Kind war,
Nicht wusste, wo aus noch ein,
Kehrt ich mein verirrtes Auge
Zur Sonne, als wenn drüber wär
Ein Ohr, zu hören meine Klage,
Ein Herz wie meins,
Sich des Bedrängten zu erbarmen.

Wer half mir
Wider der Titanen Übermut?
Wer rettete vom Tode mich,
Von Sklaverei?
Hast du nicht alles selbst vollendet,
Heilig glühend Herz?
Und glühtest jung und gut,
Betrogen, Rettungsdank
Dem Schlafenden da droben?

Ich dich ehren? Wofür?
Hast du die Schmerzen gelindert
Je des Beladenen?
Hast du die Tränen gestillet
Je des Geängsteten?
Hat nicht mich zum Manne geschmiedet
Die allmächtige Zeit
Und das ewige Schicksal,
Meine Herrn und deine?

Wähntest du etwa,
Ich sollte das Leben hassen,
In Wüsten fliehen,
Weil nicht alle
Blütenträume reiften?

Hier sitz ich, forme Menschen
Nach meinem Bilde,
Ein Geschlecht, das mir gleich sei,
Zu leiden, zu weinen,
Zu genießen und zu freuen sich,
Und dein nicht zu achten,
Wie ich!

Johann Wolfgang von Goethe: Berliner Ausgabe. Poetische Werke, Bd. 1. Berlin 1960, S. 327–329.

Jan Cossiers: „Prometheus" (um 1637)

3. Prüfen Sie, inwiefern man das Gedicht als typisch für die Epoche des Sturm und Drang ansehen kann.

2. HANDLUNG UND FIGUREN

EINFÜHRUNG

Das Drama „Götz von Berlichingen" ist ein ungewöhnliches Stück, das für heutige Schüler oft nicht leicht zugänglich ist: Es besteht aus 56 teilweise sehr kurzen Szenen und ist in der Krisenzeit des Übergangs vom Mittelalter zur Neuzeit anzusiedeln – also vor etwa 500 Jahren. Viele Personen aus allen Schichten – vom Kaiser bis zur Zigeunerin – treten auf; die meisten bleiben namenlos.

Damit Ihre Schüler im „Szenen-Gewirr" nicht den Überblick verlieren, empfiehlt es sich, das Drama Akt für Akt zu lesen und zu besprechen. Begleitende Notizen (z. B. in Form eines Lesetagebuchs) können den Leseprozess unterstützen und gliedern. Die Textkenntnis der Schüler lässt sich im Anschluss an die Lektüre der einzelnen Akte mithilfe eines einfachen Tests überprüfen. Hintergrundinformationen über das Fehderecht, den Ewigen Landfrieden, den Reichstag und die Bauernkriege verschaffen einen Zugang zur fernen Welt des frühen 16. Jahrhunderts. Zudem werden an den entsprechenden Stellen Hilfsmittel genannt, anhand derer sich die Schüler weiterführendes Wissen leicht selbst erarbeiten können.

Die Analyse der Figuren konzentriert sich auf die Protagonisten des Stücks sowie auf einige wichtige Nebenrollen: Neben dem titelgebenden Götz von Berlichingen, dem Vertreter des Ritterideals der „alten Zeit", steht vor allem sein Gegenspieler Weislingen, der sich für die Intrigen der höfischen Gegenwelt einspannen lässt und so seinen alten Freund Götz und dessen Ideale verrät, im Zentrum der Untersuchungen. Alle anderen Figuren können den entgegengesetzten Welten „Burg" und „Hof" und ihren beiden Vertretern zugeordnet werden. Während Götzens Frau und sein Sohn dramaturgisch kaum in Erscheinung treten, spielt die Adlige Adelheid von Walldorf als verführerische Drahtzieherin der Intrige eine zentrale Rolle, die mithilfe einer gesonderten Kopiervorlage erarbeitet werden soll. Maria, Götzens Schwester, tritt hingegen überwiegend als Vermittlerin zwischen Götz und Weislingen in Aktion. Diese Funktion wird im Rahmen zweier Szenenanalysen (II, 10 und V, 10) deutlich gemacht. Eine Sonderstellung nimmt Liebetraut, der Vertraute des Bischofs, ein, der mit seinen Kommentaren und Liedern unliebsame gesellschaftliche Wahrheiten ausspricht und späteres Geschehen antizipiert. Diese Rolle, die der des höfischen Narren entspricht, wird mithilfe einer eigenen Kopiervorlage herausgearbeitet.

Beginnen Sie nach dem Textkenntnistest zum ersten Akt mit der Untersuchung der Streitfrage des Stücks nach altem oder neuem Recht, um zunächst einen Überblick über das Geschehen zu gewinnen. Mit der Kopiervorlage „Weislingen – ein ‚Fürst'?" (S. 37) setzt die Besprechung des zweiten Akts ein; die Kopiervorlagen „Die Sache kommt vor den Reichstag" (S. 41) und „Utopie in der Bedrängnis" (S. 42) sind dem dritten Akt zugeordnet; die beiden folgenden Kopiervorlagen (S. 43 und 44) gehören zum vierten Akt. Vom vierten Akt an steht Götzens Lebenskrise im Fokus, dieses Thema bestimmt auch die Untersuchung des fünften Akts (KV S. 45 und 46). Für eine effektive Textarbeit sollte jedem Schüler zu Beginn der Arbeit mit der Lektüre die Szenenübersicht (KV S. 31) mit Szenen- und Seitenangaben an die Hand gegeben werden. „Inhalt und Aufbau des Stücks" (KV S. 32) sollten erst besprochen werden, wenn das gesamte Drama gelesen ist und das Textverständnis sichergestellt wurde.

Lernziele

- Die Schüler verschaffen sich einen Überblick über Inhalt und Aufbau des Dramas.
- Sie analysieren die Hauptfiguren und ihre Beziehungen zueinander.
- Sie gewinnen ein Bild von der politisch-rechtlichen Situation um 1500 (Ewiger Landfriede, Krise des Rittertums, Reichsreform).
- Sie beziehen wesentliche Aspekte des Stücks auf unsere Zeit und auf ihr eigenes Leben.

Zur Kopiervorlage Seite 31: SZENENÜBERSICHT

In der Reclam-Lektüreausgabe sind – in Übereinstimmung mit dem Originaltext von 1773 – keine Szenennummerierungen, sondern Überschriften zu finden. Da diese Angaben für eine Textarbeit z. T. zu lang und umständlich wären, sind die Szenen im vorliegenden Material durchnummeriert. Um einen effektiven Zugriff auf die einzelnen Szenen zu gewährleisten, bietet die Kopiervorlage einen Überblick über die Überschriften mit der entsprechenden Szenenangabe sowie den Seitenzahlen der Reclam-Lektüreausgabe.

Zur Kopiervorlage Seite 32: INHALT UND AUFBAU DES STÜCKS

Wenn ein Schauspiel aus 56 Szenen besteht, von denen manche kürzeste Dialoge sind, lässt sich sein Inhalt nur stark komprimiert erfassen. Die Kopiervorlage bietet deshalb einen schematischen Überblick über das Stück, in dem vier zentrale Kategorien erfasst werden: In einer Verlaufskurve wird das Verhältnis zwischen Götz und Weislingen als das dramatische Kerngeschehen nach dem Grad des Konfliktpotenzials (hoch / niedrig) skizziert. In der zweiten Zeile findet sich eine Beschreibung der dramatischen Bedeutung der fünf Akte. In der dritten Zeile werden die Ereignisse knapp zusammengefasst; dabei sind die beiden Handlungsstränge nach ihren Protagonisten Götz / Weislingen mit deren jeweiligem Umfeld getrennt. In der vierten Zeile werden die in den verschiedenen Akten aufgeworfenen politischen Fragen benannt.

Es bietet sich an, mit den Schülern nach der Besprechung des Stücks zunächst zu erörtern, welche Kategorien sinnvoll sind, um das Geschehen zu erfassen. Danach kann ein Schema mit den entsprechenden Kategorien erstellt werden. Die Konfliktkurve sollte im Plenum erarbeitet und festgehalten werden. In fünf Gruppen (entsprechend der Anzahl der Akte) kann das Schema danach arbeitsteilig vervollständigt werden. Die Lösungen der Gruppen sollten im Plenum besprochen werden.

Die Kopiervorlage kann eventuell zur Ergebnissicherung ausgeteilt werden. Falls Sie aus zeitlichen Gründen darauf verzichten müssen, das Schema gemeinsam mit den Schülern zu erarbeiten, empfiehlt es sich, auf jeden Fall die dramatische Bedeutung der fünf Akte in jeweils einem Satz auf den Punkt bringen zu lassen, bevor die vollständige Übersicht ausgeteilt und besprochen wird.

■ Zur Kopiervorlage Seite 33: TEXTKENNTNISTEST ZUM ERSTEN AKT

Erfahrungsgemäß lesen Schüler einen Text sorgfältiger, wenn sie wissen, dass die Lektüre überprüft wird und dass man im Rahmen eines Textkenntnistests relativ leicht eine gute oder sogar sehr gute Note bekommen kann. Die vorliegende Kopiervorlage bietet eine Auswahl an einfachen Inhaltsfragen zum ersten Akt, um die Textkenntnis der Schüler nach der häuslichen Lektüre zu überprüfen. Mögliche Fragen zu den weiteren Akten finden Sie im Anschluss an die Lösung.

Die Prüfung und Bewertung der Schülerantworten kann auf der Grundlage der vorgegebenen möglichen Antworten erfolgen. Zusätzlich sollte jedoch in Zweifelsfällen auch der Kontext der in der Lösung angegebenen Textstellen herangezogen werden. Wenn Sie merken, dass der Text zwar gelesen, aber nicht ganz richtig präsent ist, können Sie 0,5 statt 1 Punkt für die Antwort geben.

Bewertungsvorschlag: 12–11 Punkte = 1 (12 P. = 1 +; 11 P. = 1 -); 10,5–9,5 Punkte = 2 (10,5 P. = 2+ usw.); 9–8 Punkte = 3 (9 P. = 3 + usw.); 7,5–6 Punkte = 4 (7,5 P. = 4 + usw.); 5,5 Punkte = 5 +; 5–3,5 Punkte = 5; 3 Punkte = 5 -; ab 2,5 Punkte = 6.

Lösung

1. Die Leute des Bischofs haben grundlos einen von Götzens Knappen gefangen genommen. (S. 5, Z. 31 f.)
2. Götz liegt im Wald auf der Lauer, um Weislingen, einen Höfling des Bischofs, zu fangen. (I, 2)
3. Bruder Martin beklagt sich über sein Klosterleben. (S. 11, Z. 14–25)
4. Götz wirft Weislingen vor, dass er sich als Freier in den Dienst von Fürsten begibt. (S. 23, Z. 1–9)
5. Die Fürsten gewähren Schutz / sichern den Frieden. (S. 23, Z. 12–27; eine Lösung genügt)
6. Man spricht über die Vorteile des Römischen Rechts / über das Jurastudium in Bologna. (S. 25, Z. 23–S. 28, Z. 9; eine Lösung genügt)
7. Liebetraut hält Olearius für einen Angeber. (S. 28, Z. 10–S. 29, Z. 10)
8. Weislingen verlobt sich mit Götzens Schwester Maria. (S. 32, Z. 29–33)
9. Elisabeth beurteilt die Verlobung kritisch, weil sie ihrer Meinung nach zu schnell erfolgt ist. (S. 34, Z. 5)
10. Franz soll Weislingen ausrichten, dass ihn der Bischof nicht entbehren kann. (S. 35, Z. 30)
11. Franz ist von der Schönheit der Witwe Adelheid von Walldorf fasziniert. (S. 35, Z. 35–S. 37, Z. 36)
12. Weislingen hält an seiner Liebe zu Maria fest / möchte nicht nach Bamberg zurückkehren. (S. 37, Z. 22–28; eine Lösung genügt)

Mögliche Fragen zum zweiten Akt:
1. Was spielt Adelheid mit dem Bischof? (S. 38, Z. 3) 2. Wen schickt der Bischof als Boten zu Weislingen? (S. 39, Z. 36 ff.) 3. Aus welchem Grund eröffnet Götz die Fehde mit Nürnberg? (S. 41, Z. 6 f.) 4. Weislingen gefällt Adelheids Kammerfräulein. Mit wem vergleicht das Mädchen ihn? (S. 42, Z. 18 f.) 5. Liebetraut sagt zu Adelheid: „Ihr wisst zu gut wie man Schnepfen fängt." Auf welche Aktion nimmt er damit Bezug? (S. 43, Z. 4 f.) 6. Welchen Auftrag soll Georg bei seinem ersten Einsatz als Reiter ausführen? (S. 43, Z. 30 ff.) 7. Adelheid beauftragt ihr Mädchen, Weislingen beim nächsten Besuch abzuweisen. Was will sie damit erreichen? (S. 49, Z. 1 ff.) 8. Wie hat sich Georg bei seinem Einsatz als Kundschafter getarnt? (S. 49, Z. 30 f.) 9. Wie wird Georgs Botschaft aufgenommen? (S. 50, Z. 36 ff.) 10. Welchen Vorwurf macht Adelheid Weislingen gegen Ende des zweiten Akts? (S. 52, Z. 26 ff.) 11. Wie erklärt Weislingen sein Verhalten? (S. 53, Z. 16 ff.) 12. Was lehrt die Bauernhochzeit in II, 10 über das Führen von Prozessen? (S. 54, Z. 24 f.)

Mögliche Fragen zum dritten Akt:
1. Wer spricht mit einer Beschwerde beim Kaiser vor? (S. 57, Z. 3 ff.) 2. Was ist das Ergebnis dieser Beschwerde? (S. 58, Z. 16 ff.) 3. Sickingen eröffnet Götz ein überraschendes Vorhaben. Worin besteht dieses? (S. 60, Z. 7 ff.) 4. Welche Hilfe kann Sickingen Götz für den Kampf anbieten? (S. 62, Z. 13 f.) 5. Woher kennt Lerse Götz von Berlichingen? (S. 64, Z. 17 ff.) 6. Was bietet er Götz an? (S. 65, Z. 32) 7. Wer wird in der zweiten Schlacht verwundet? (S. 70, Z. 24) 8. Zwischendurch gibt es eine Hochzeit. Wer heiratet wen? (S. 73, Z. 29 ff.) 9. Wie viele Reiter hat Georg anwerben können? (S. 75, Z. 2 f.) 10. Wer verhandelt mit den Belagerern über freien Abzug? (S. 79, Z. 19 f.) 11. Was soll das letzte Wort der Belagerten sein? (S. 80, Z. 15) 12. Was geschieht, als die Belagerten abziehen dürfen? (S. 83, Z. 14 ff.)

Mögliche Fragen zum vierten und fünften Akt:
1. In welcher Stadt werden die Gefangenen festgehalten? (S. 84, Z. 2) 2. Was soll Götz zugeben, damit er freigelassen wird? (S. 87, Z. 15 ff.) 3. Wodurch wird die Gefangenschaft beendet? (S. 89, Z. 23 ff.) 4. Wozu drängt Weislingen seine Frau? (S. 93, Z. 31 f.) 5. Was schlägt Elisabeth Götz auf der Burg zum

Zeitvertreib vor? (S. 95, S. 29 ff.) 6. Aus welchen Gründen weigert sich Götz, Anführer der Aufständischen zu werden? (S. 101, Z. 4 f.) 7. Warum nimmt er das Amt trotzdem an? (S. 101, Z. 15 ff.) 8. Aus welchem Grund will Weislingen Götz im Verlies hinrichten lassen? (S. 106, Z. 26 ff.) 9. Bei wem findet der verfolgte Götz Zuflucht? (S. 108, Z. 19 ff.) 10. Wodurch wird Götzens Todesurteil aufgehoben? (S. 112, Z. 14 ff.) 11. Warum stirbt Weislingen? (S. 113, Z. 22 ff.) 12. Was sind Götzens letzte Worte? (S. 119, Z. 13)

Zur Kopiervorlage Seite 34: LIEBETRAUT – EIN HOFNARR?

Mithilfe dieser Kopiervorlage können Sie die Schüler in die kulturgeschichtlich und politisch fremde Welt des Götz von Berlichingen einführen. Liebetraut tritt in I, 4 wie ein Hofnarr auf, wie man an der Anspielung auf die Schellenkappe (S. 29, Z. 4 f.) erkennt; er stellt durch seine spöttischen Äußerungen Götzens Gegner und den Fürstenhof als Gegenwelt vor dem Leser bloß. Somit ergreift Goethe an dieser Stelle bereits Partei für Götz von Berlichingen in seinem Konflikt mit dem Bischof (vgl. KV „Altes oder neues Recht?“, S. 35). Die in dieser Szene ebenfalls enthaltene Juristenschelte wird in II, 10 fortgesetzt (vgl. KV „Streiten oder heiraten – Analyse der Szene II, 10“, S. 40). Das Thema lag dem Juristen Goethe anscheinend am Herzen. So findet es sich auch im „Urfaust“ (etwa 1772–75), wenn Mephisto seinen Schüler belehrt:

„Es erben sich Gesetz' und Rechte
Wie eine ew'ge Krankheit fort [...].
Vernunft wird Unsinn, Wohltat Plage;
Weh dir, dass du ein Enkel bist!
Vom Rechte, das mit uns geboren ist,
Von dem ist leider! nie die Frage.“ (V. 1972–79)

Um Liebetrauts Funktion in I, 4 zu verdeutlichen, informieren sich die Schüler zunächst mithilfe eines Lexikonartikels über den „Beruf“ des Hofnarren (Aufgabe 1). In der Beschreibung eines Porträts des berühmten sächsischen Hofnarren Claus Narr (etwa 1455–1530) werden dessen Aufgaben noch einmal auf den Punkt gebracht. Anhand dieser Zusammenfassung sollen die Schüler überprüfen, ob Liebetraut in I, 4 von dem Juristen Olearius zu Recht als Hofnarr betrachtet wird (Aufgabe 2), um anschließend dessen Funktion in Goethes Drama zu benennen (Aufgabe 3).

Nachdem die Schüler den Lexikonartikel gelesen haben, können die Ergebnisse im Plenum zusammengetragen werden. Die zweite Aufgabe lässt sich in Partner- oder Gruppenarbeit arbeitsteilig (a / b) erledigen; dazu müssen die Schüler die Szene I, 4 noch einmal genau lesen. Wenn die Ergebnisse der zweiten Aufgabe vorliegen, kann die dritte Aufgabe wieder im Plenum besprochen werden. Das Arbeitsblatt ist auch als Hausaufgabe geeignet.

Möglicher Einstieg
Sammeln Sie nach der Lektüre der Szene Schüleräußerungen zur Figur des Liebetraut, hier wird eventuell bereits Olearius' Hinweis auf die Schellenkappe (S. 29, Z. 4 f.) genannt. Projizieren Sie das Bild des Claus Narr vergrößert mit einem Beamer an die Wand oder rufen Sie es am Whiteboard auf und leiten Sie mithilfe der Bildunterschrift zur ersten Aufgabe über.

Lösung
Aufgabe 1
Funktion des Narren am herrschaftlichen Hof:
- (Einflussreicher) Ratgeber und Vertrauter des Herrschers
- Aussprechen von Unbequemem und Verpöntem
- Durch die körperliche Versehrtheit des Narren sollte der Herrscher an seine eigene Hinfälligkeit erinnert werden.

Aufgabe 2
a) Kritische Äußerungen Liebetrauts in I, 4:
- Er bezweifelt die Existenz des Sprichworts und unterstellt Olearius damit, dass er angibt oder gar lügt (S. 26, Z. 1–3).
- Er kennt den Namen „von Wildenholz“ und lässt so den Abt „verkalkt“ aussehen (S. 26, Z. 15).
- Er weist indirekt darauf hin, dass der Abt das Wort „Disputieren“ falsch (im Sinne von „Streitlust“) verstanden hat, und zeigt eine Schwäche der adligen Frau auf (S. 26, Z. 21).
- Er setzt den Autor Olearius als unbekannt bzw. unbedeutend herab (S. 28, Z. 10 ff. und Z. 18 ff.).
- Er weist den Einwand des Olearius philosophisch zurück (S. 28, Z. 22).
- Er entlarvt den „Nimbus von Ehrwürdigkeit und Heiligkeit“ der Hochgestellten als Großtuerei (S. 28, Z. 26 ff.).
- Er verteidigt seine offenherzige Kritik als berechtigt (S. 28, Z. 33 f.; S. 29, Z. 1 f.).
- Er gibt den Vorwurf, ein Narr zu sein, an Olearius zurück (S. 29, Z. 6 ff.).
- Er verspottet Olearius als behäbig und langsam (S. 29, Z. 10).
- Er beleidigt den Juristen als „Sachsenhausener“, d. h. als eine grobe, plumpe Person (S. 29, Z. 14 f.).
- Er macht sich über Körperfülle und Trinkfestigkeit des Abtes lustig (S. 29, Z. 32 f.).
- Er bringt die positiven Eigenschaften Weislingens damit in Verbindung, dass er kein Akademiker ist (S. 30, Z. 10).
- Er spottet ein weiteres Mal über die Körperfülle des Abtes (S. 30, Z. 34 f.).

b) Aus Liebetrauts Worten scheint Wahrheit *(veritas)* zu sprechen. Auch wenn er keine Klugheit im Sinne des vorsichtigen Abwägens *(prudentia)* an den Tag legt, wird er als intelligent und eloquent charakterisiert. Die dem Narren eigene „Einfalt“ *(simplicitas)* zeigt er nicht. Inwiefern Liebetrauts Gaben gottgewollt sind, er also ein Sprachrohr des göttlichen Willens ist *(donum dei)*, lässt sich anhand des Textes nicht beurteilen. Jedoch kann man davon ausgehen, dass die Figur die Meinung ihres „Schöpfers“ Goethe vertritt.

Aufgabe 3
Liebetraut ist seinen Gesprächspartnern intellektuell und rhetorisch überlegen. Somit nimmt man ihm die geäußerte Kritik an Adligen und Juristen ab. Liebetrauts Funktion in I, 4 ist es also, die Schwächen der Gegner des Protagonisten Götz aufzuzeigen und diese somit lächerlich zu machen. Damit äußert sich der Autor Goethe bereits an dieser Stelle kritisch über das höfische Leben.

Weiterführende Anregung
Aus der Szene I, 4 lässt sich neben Liebetrauts Kritik auch das Auftreten der fürstlichen Kleriker und des Juristen Olearius herausarbeiten. Folgende Punkte können dabei berücksichtigt werden:

- Der Bischof kennt Kaiser Justinian nicht (S. 26, Z. 22 ff.).
- Der Abt kennt den Unterschied zwischen Recht und religiösen Geboten nicht (S. 26, Z. 34 f.).
- Er versteht das Fremdwort „explicite“ falsch (S. 27, Z. 1 f.).
- Trotz ihrer Unkenntnis rühmen die Geistlichen die neue Bedeutung des Rechts für das Reich (S. 27, Z. 3 ff.).
- Olearius erklärt seine Flucht aus Frankfurt damit, dass das normale Volk keine Juristen mag und dass man in Frankfurt „eine starke Urteilskraft“ und Menschenverstand mehr als die gelehrten Reden schätze (S. 27, Z. 14 ff.). Er zitiert damit die Meinung des Volks über die Juristen (S. 28, Z. 7 ff.), die durch Götzens Kritik (S. 24, Z. 3 ff. und Z. 18 ff.) und später in der Szene II, 10 bestätigt wird.

→ Liebetrauts Kritik am Verhalten der Adligen und Juristen wird bestätigt und ergänzt.

Zur Kopiervorlage Seite 35: ALTES ODER NEUES RECHT?

Mit dem Konflikt zwischen Götz und dem Bischof von Bamberg wird das Drama historisch verortet, und zwar in der Zeit des Übergangs vom Mittelalter zur Neuzeit (vgl. auch KV „Die Sache kommt vor den Reichstag“, S. 41, und KV „Kampf um das eigene Recht“, S. 43). Konkret geht es im ersten Akt um die Aussöhnung zwischen Götz und Weislingen; diese erfolgt vor dem Hintergrund eines alten, im Vorfeld wieder entflammten Streits zwischen Götz und dem Bischof, in dessen Dienst Weislingen steht.

Mithilfe der Kopiervorlage können beide Aspekte differenziert erfasst werden. Der historische Hintergrund soll anhand der ersten zwei Aufgaben erarbeitet werden. Das notwendige Wissen über das Fehderecht und dessen Ende im Ewigen Landfrieden von 1495 wird in zwei kurzen Informationstexten vorgestellt (zum Reichskammergericht siehe Infokasten, S. 19).

Die beiden letzten Aufgaben rücken die politische Diskussion zwischen Götz und Weislingen sowie ihre gemeinsame Vergangenheit in den Fokus. Mit der Frage, worum es im Streit zwischen Götz und dem Bischof geht, kann man die Problematik anreißen.

Mit der ersten Aufgabe sollten sich alle Schüler befassen, sie eignet sich z. B. für eine Partnerarbeit. Die Ergebnisse sollten dann im Plenum besprochen werden. Wenn die Textkenntnis des Kurses so gut ist, dass nicht noch einmal alle Schüler den Text lesen müssen, kann ein einzelner Schüler den ersten Teil der zweiten Aufgabe bearbeiten und das Ergebnis in Form eines Referats vorstellen. Die Beurteilung der beiden unterschiedlichen Positionen (2 b) kann dann wieder im Plenum erfolgen, wobei Sie auf eine differenzierte Argumentation achten sollten. Die dritte Aufgabe eignet sich für eine Einzelarbeit oder für eine Hausaufgabe, während die vierte Aufgabe abschließend kurz im Plenum besprochen werden sollte.

Sie können die Kopiervorlage „Ein Bild von einem Mann – Götz im ersten Akt“ (S. 36) vorziehen und erst danach fragen, worum es im Streit zwischen Götz und dem Bischof geht.

Lösung
Aufgabe 1
siehe Tabelle unten

Aufgabe 2
a) Vorgeschichte der Fehde zwischen dem Bischof und Götz: Der Bischof hat einen von Götzens Knappen gefangen genommen, obwohl zu diesem Zeitpunkt zwischen ihnen Friede herrschte (S. 5, Z. 21 ff.; S. 24, Z. 20 ff.). Der Versuch, sich im Gegenzug des Bischofs zu bemächtigen, ist gescheitert (S. 6, Z. 1 ff.). Statt des Bischofs will Götz Weislingen, der für den Bischof Verbündete wirbt, gefangen nehmen (S. 7, Z. 25 ff.). Das gelingt ihm (S. 17, Z. 14 ff.). – Der Bischof will den Knappen freilassen und ein Lösegeld zahlen, sieht aber davon ab, als Götz sein Ehrenwort gibt, dass Weislingen auch ohne diese Maßnahmen freikommen wird (S. 35, Z. 24 ff.).
b) Nach Auskunft der Beteiligten hat der Bischof den Frieden gebrochen. Götz hat aber nach dem Ewigen Landfrieden von 1495 kein Recht auf Fehde mehr. Auch vor 1495 hätte er zuvor bei Gericht den Fall vortragen und die Fehde schriftlich ankündigen müssen. Das ist ebenfalls nicht geschehen, sodass Götz von Berlichingen, obwohl er den Streit nicht angefangen hat, sich nach geltendem Recht strafbar macht (Landfriedensbruch).

Vorteile des Fehderechts	Nachteile des Fehderechts
• Man kann zu seinem Recht kommen, auch wenn ein „staatliches“ Gericht nicht existiert oder zu schwach ist, um Recht durchzusetzen. • Die Wege sind kürzer, da die Auseinandersetzung direkt zwischen den beiden Gegnern stattfindet, ohne dass eine Instanz, die sich vielleicht an einem anderen Ort befindet, eingeschaltet werden muss.	• Das Recht kann zu eigenen Zwecken ausgenutzt werden. • Auch vermeintliches oder gar erfundenes Unrecht kann auf diese Weise „bestraft“ werden. • Ein mächtiger und reicher Gegner ist gegenüber anderen Menschen bei der Ausübung der Fehde im Vorteil, auch wenn er vielleicht im Unrecht ist.

Aufgabe 3
Mögliches Tafelbild zum Streitgespräch zwischen Götz und Weislingen:

Götz		Weislingen
Freie Ritter sind edel, stolz und unabhängig, Höflinge sind feige und müssen sich verbiegen, um den Vorlieben und Launen eines Fürsten zu entsprechen (S. 23, Z. 1–9).	→	Ritter verheeren das Land und plündern Leute aus (S. 23, Z. 14–17).
Fürsten beachten nur für sie vorteilhafte Verordnungen (S. 24, Z. 5 f.).	←	Fürsten sichern den Frieden des Landes (S. 23, Z. 20–24).
Fürsten unterwerfen die Kleinen (S. 24, Z. 7).	←	Fürsten beschützen ihre Untertanen, wo der Kaiser nicht helfen kann (S. 23, Z. 24–27).
Der Bischof hat den Frieden gebrochen (S. 24, Z. 20–22).	→	Der Bischof wusste nichts von der Gefangennahme des Knappen (S. 24, Z. 24).
Wir freie Ritter sind euch aufgrund unserer Unabhängigkeit ein Dorn im Auge (S. 24, Z. 32–S. 25, Z. 1).	←	Du bist misstrauisch und tust dem Bischof und uns, seinen Anhängern, unrecht (S. 24, Z. 31).

Aufgabe 4
Brüderlich verbunden in Kindheit und Jugend / Weislingen verfällt dem Hofleben / Weislingen im Dienst des Bischofs, Götzens Gegner / Gefangennahme und Streitgespräch / Versöhnung der beiden Gegner, Weislingens Verlobung mit Maria.

Literaturtipps

Unter *https://www.uni-muenster.de/FNZ-Online/expansion/europ_expansion/glossar_gesamt.htm* finden Sie im Glossar zur Frühen Neuzeit einen Artikel „Reichsreform“.

Falls Sie sich umfassender informieren wollen, können Sie folgende Seiten besuchen:

- *https://deutschland-im-mittelalter.de/Rechtssystem/Fehderecht* (Carl Georg von Wächter: Das Fehderecht des Mittelalters)
- *https://www.uni-muenster.de/FNZ-Online/recht/reich/gliederung.htm* (Informationen zum Heiligen Römischen Reich Deutscher Nation)
- *https://de.wikipedia.org/wiki/Reichsreform_(Heiliges_Römisches_Reich)* (Geschichte und Problematik der Reichsreform)
- *https://www.zeitenblicke.de/2004/03/cordes/cordes.pdf* (Albrecht Cordes: Das Reichskammergericht)

i

Das Reichskammergericht wurde nach seiner Gründung 1495 mehrfach aufgelöst, wieder errichtet und an andere Orte verlegt, bis es 1555 mit dem Augsburger Religionsfrieden endgültig eine gefestigte Institution wurde. Es blieb jedoch unzureichend besetzt und litt unter einem Wildwuchs an Terminen. Geschwächt wurde es zudem nicht nur durch das Recht der Fürsten, selbst ein Oberappellationsgericht zu berufen, sondern auch durch die Möglichkeit direkter Appellation an den Kaiser durch die Institution des Reichshofrats (seit 1549 als zweites oberstes Reichsgericht). Goethe machte 1772 ein Praktikum am Reichskammergericht in Wetzlar.

Zur Kopiervorlage Seite 36: EIN BILD VON EINEM MANN – GÖTZ IM ERSTEN AKT

Diese Kopiervorlage soll zu einer Auseinandersetzung mit der Hauptfigur des Dramas anleiten. Im ersten Akt wird Götz von Berlichingen als der „große Kerl“ des Sturm und Drang präsentiert: Sowohl direkt als auch indirekt wird er als stark, wehrhaft, treu (seinen Prinzipien und seinen Gefährten gegenüber) und ungebunden charakterisiert. Dieses anfängliche Bild Götzens wandelt sich im Laufe des Dramas. Er gerät in eine Krise und stirbt am Ende als gebrochener Mann, wenn auch in Gottes Willen ergeben: Sein Charakter passt nicht mehr in die neue Zeit.

Anhand vorgegebener Textstellen erarbeiten die Schüler zunächst das Bild, das andere Figuren von Götz entwerfen (direkte Charakterisierung), anschließend das Bild, das sich aus Götzens Verhalten gegenüber verschiedenen Personen ergibt (indirekte Charakterisierung). Diese beiden Perspektiven sollen in der dritten Aufgabe zu einem Gesamtbild zusammengefügt werden.

Setzen Sie das Arbeitsblatt nach der Lektüre des ersten Akts ein – alternativ ist es möglich, die Hauptfigur bereits vor der Untersuchung der beiden Rechtssysteme (KV „Altes oder neues Recht?“, S. 35) zu charakterisieren.

Lösung

Aufgabe 1
a) bereit, sich auf Verhandlungen / Kompromisse einzulassen
b) weiß sich zu wehren
c) beeindruckender Mensch / wirkt bereits bei der ersten Begegnung
d) sehr rechtschaffen, begeht aber dennoch auf seinen Ritterzügen Unrecht
e) treu, wahrhaftig
f) gegenüber den Fürsten feindselig eingestellt (Vergleich mit dem Blick eines Wolfs)
g) kühn; verwüstet das Land
h) wertvoller Freund

Aufgabe 2

a) Götz hat Verständnis für die Kampfeslust seines Knappen (S. 8, Z. 6–33), sorgt sich um dessen Wohl (S. 9, Z. 16 f.). → väterlicher, verantwortungsbewusster Umgang mit (jüngeren) Untergebenen

b) Er nimmt den Fremden gastfreundlich auf (S. 9, Z. 31 f.), hat Mitleid mit dem unter dem Gelübde leidenden Mönch (S. 12, Z. 28 f.). → menschlich und mitfühlend

c) Er zeigt Interesse am Leben seines Sohnes (S. 19, Z. 33 f.), möchte ihn lebenstauglich erziehen (S. 20, Z. 20 f.). → guter Vater; am Fortleben seiner Werte interessiert

d) Er sorgt sich um seinen Gefangenen (S. 18, Z. 26–30), gesteht ihm Redefreiheit zu (S. 23, Z. 11–S. 25, Z. 12). → menschenfreundlicher Umgang mit dem Feind

e) Er behandelt Weislingens Knappen gut, obwohl sein eigener Bube weiterhin in Gefangenschaft bleibt (S. 32, Z. 20–25). Er trägt Weislingen nichts nach (S. 32, Z. 25–28), freut sich mit dem Brautpaar (S. 33, Z. 5–7), vertraut Weislingen trotz der Vorgeschichte (S. 34, Z. 6), wahrt Diskretion (S. 34, Z. 21–23). → ist um des Friedens willen zu Vorleistungen bereit; ist offen und vornehm

Aufgabe 3

Gesamtbild von Götz im ersten Akt:

Als Ritter scheut er nicht den Kampf gegen Fürsten und für Bedrängte. Er weiß sich zu wehren, jedoch kann er auch nachgeben. Seine Raubzüge werden teilweise kritisch gesehen. Seine Ritterpflichten sind ihm heilig. Er ist treu. Als Mensch beeindruckt er die, die ihm begegnen, durch seine Menschlichkeit und sein Entgegenkommen.

■ Zur Kopiervorlage Seite 37: WEISLINGEN – EIN „FÜRST"?

Mit dieser und den beiden folgenden Kopiervorlagen (S. 38 / 39) wird die fürstliche Gegenwelt zum Leben auf der Burg genauer untersucht. Während im ersten Akt Götz und sein ritterliches Umfeld im Mittelpunkt stehen, gerät im zweiten Akt das höfische Leben in den Blick: Weislingen wird durch Adelheid als Parteigänger des Bischofs zurückerobert.

Zunächst befassen sich die Schüler konkret mit den beiden Figuren Götz und Weislingen, um anschließend mithilfe der Kopiervorlage „Burg und Schloss" (S. 39) zu einer Gegenüberstellung von deren Lebenswelten zu gelangen. Voraussetzung für die Bearbeitung der drei Kopiervorlagen ist, dass der Text des zweiten Akts zumindest bis einschließlich II, 9 bekannt ist und dass Verständnisschwierigkeiten ausgeräumt wurden.

Als Erstes steht die Figur Weislingen im Mittelpunkt. Götzens ehemaliger Kamerad wird als in sich gebrochener Charakter beschrieben, als leicht beeinflussbar und wankelmütig, mit einem „halb traurige[n] Zug auf seinem Gesicht" (S. 42, Z. 22 f.). Schnell erliegt er Adelheids Verführungskunst und bricht somit das Versprechen, das er Götz und Maria in I, 5 gegeben hat.

Adelheid lockt Weislingen mit der Aussicht, er könnte „Herr von Fürsten sein" (S. 48, Z. 1). Diese Bemerkung und die Tatsache, dass Machiavelli ein (italienischer) Zeitgenosse des Ritters Götz von Berlichingen war, legen es nahe, Weislingens Auftreten dahingehend zu überprüfen, ob es den von Machiavelli genannten Kriterien gerecht wird.

Anhand der ersten Aufgabe wird der Text Machiavellis erarbeitet. Dies kann in Einzel- oder Partnerarbeit im Unterricht geschehen – mit anschließender Auswertung im Plenum. Klären Sie ggf. mit den Schülern vorab unbekannte Begriffe und Namen (z. B. Achilles, der Centaur Chiron). Die zweite und dritte Aufgabe sind aufgrund der erforderlichen Textarbeit zeitintensiver, können aber auch arbeitsteilig gelöst werden, eventuell in Partnerarbeit oder als Hausaufgabe. Die vierte Aufgabe kann auf der Grundlage der Ergebnisse der zweiten und dritten Aufgabe im Plenum diskutiert werden.

Lösung

Aufgabe 1

Machiavellis Kriterien für den idealen Fürsten:

Der ideale Fürst müsse darauf bedacht sein, seine Macht zu verteidigen. Grundsätzlich sei Ehrlichkeit lobenswert; wenn der Erhalt der Macht es jedoch erfordere, solle der Herrscher – in Anlehnung an das Tierreich – bereit sein, gewaltsame Maßnahmen zu ergreifen: Die wichtigsten Eigenschaften, die er dabei an den Tag legen müsse, seien Stärke (wie ein Löwe) und List (wie ein Fuchs). Damit die Untertanen den Gesetzesbruch nicht bemerkten, solle ein Fürst auch ein Meister der Verstellung und Falschheit sein. Gerechtfertigt sei dieses amoralische Verhalten durch die Schlechtigkeit und Einfalt der Untertanen.

Aufgabe 2

Beurteilung von Weislingens Qualitäten als Fürst:

1. Er ist nicht in der Lage, eindeutige Entscheidungen zu treffen, wenn sich die Situation zuspitzt (S. 21, Z. 20 f.; S. 53, Z. 16–18).
2. Für Weislingen steht nicht der Erhalt bzw. die Vergrößerung seiner Macht im Vordergrund, sondern er macht seine Identität vom „Besitz" der schönen Frau in seiner Nähe abhängig (S. 43, Z. 18–20; S. 53, Z. 10–25).
3. Er ist kein selbstbestimmtes Subjekt, das die Fäden in der Hand hält, sondern ein Spielball der Machenschaften des Bischofs und dessen ausführender Organe Liebetraut und Adelheid. Davon zeugt z. B. Liebetrauts Bericht, wie er Weislingen dazu brachte, kommen zu wollen, „ohne zu wollen" (S. 43, Z. 15 f.). Auch beim Bischof ist Weislingen unentschlossen (S. 45, Z. 24 und Z. 33 f.). Im Angesicht Adelheids weiß er, dass er fortmuss, aber nicht gehen kann (S. 48, Z. 17–19). Adelheids Auftreten zerreißt ihn innerlich (S. 53, Z. 14–16).

→ Legt man die Kriterien Machiavellis zugrunde, wäre Weislingen als Fürst im Wesentlichen ungeeignet.

Aufgabe 3
Gegenüber Götz verteidigt er die Taten und die Politik des Bischofs, in dessen Dienst er steht (S. 23, Z. 10–S. 24, Z. 31); gegenüber dem Bischof (S. 44, Z. 25–S. 45, Z. 10) und Adelheid (S. 47, Z. 3–S. 48, Z. 13.; S. 53, Z. 18 f.) verteidigt er seine Bindung an Götz.

Aufgabe 4
Weislingen wird als ambivalente Figur charakterisiert: Einerseits ist ihm bewusst, dass er sein Wort bricht und dass dieser Wortbruch seinen Werten widerspricht. Andererseits lässt er sich leicht beeinflussen und legt sich dann sein Verhalten so lange zurecht, bis es ihm passend erscheint. Aus dieser Schwäche erwächst auch seine Untreue gegenüber Götz und Maria. Insofern kann man ihn eher als Schwächling denn als Schurken bezeichnen.

Weiterführende Anregung
Nach der Besprechung des ganzen Schauspiels können die Schüler untersuchen, ob Goethes „Götz von Berlichingen" eine Art „Anti-Machiavelli" ist: Machiavelli propagiert den Wortbruch der Fürsten zum Zweck der Machtsteigerung. Goethe setzt dem getreuen Götz von Berlichingen ein Denkmal, der seine Freiheit liebt, als ehrlicher Ritter lebt und sich ausdrücklich gegen die künftigen Zeiten des Betrugs abgrenzt (S. 119, Z. 6–9). Sein Gegenspieler Weislingen, der oft wie Machiavellis „Fuchs" agiert, steht im Dienst eines Kirchenfürsten und strebt nach Macht. Allerdings zeigt er auch in seinen letzten Szenen (V, 5 und V, 10), dass er nicht der skrupellose „Fürst" im Sinne Machiavellis ist. Er will Götz vernichten, um seine Gewissensbisse wegen des Treuebruchs zu beruhigen (S. 106, Z. 26–29). Er empfindet Schuld angesichts seiner Taten (S. 113, Z. 13 f.): Er bebt, als die von ihm verlassene Maria erscheint (S. 112, Z. 14–S. 113, Z. 5), erlebt seine Untreue als Schuld (S. 114, Z. 8–10 und Z. 16–18) und betrachtet die Vergiftung als Strafe Gottes (S. 114, Z. 4 f.). Adelheid, deren Machtbesessenheit und Fähigkeit zu taktieren (im Schachspiel schlägt sie sogar den Bischof) dem von Machiavelli propagierten Ideal am nächsten kommen, wird am Ende des Dramas durch ein Femegericht für ihre Vergehen bestraft (V, 11). (Vgl. auch die KV „Zwei Gegner sterben", S. 46, und die KV „Das Verräter-Motiv im ‚Götz'", S. 60.)

■ Zur Kopiervorlage Seite 38: ADELHEID – EINE „ZAUBERIN"?

Mithilfe dieser Kopiervorlage lassen sich die unterschiedlichen Facetten der Adelheid von Walldorf erarbeiten: die Dame – die Verführerin – die Politikerin. In der ersten Fassung des Stücks nahm die Rolle dieser weiblichen Gegenspielerin so viel Raum ein, dass Goethe sie im Zuge seiner Überarbeitung reduzieren musste, um den historischen und nationalen Gehalt des Dramas wieder mehr in den Vordergrund zu stellen (vgl. KV „Die Entstehung des ‚Götz'", S. 12/13). Dramaturgisch bereitet Goethe in II, 9 die Szene III, 1 und den Zug der Reichsexekution gegen Götz in III, 3 vor. Ferner beginnt hier der Liebesverrat Adelheids, der in ihrem Spiel mit Karl und Franz (IV, 4) und in der Ermordung Weislingens (V, 8) endet.

Die erste Aufgabe kann in Einzelarbeit erledigt werden. Die Darstellung der Gesprächsabschnitte sollte in Kleingruppen (von mindestens drei Schülern) erfolgen. Die Gruppen können jeweils alle vier Gesprächsabschnitte darstellen und diese gegebenenfalls mit dem Smartphone festhalten. Zeitsparender ist sicherlich eine arbeitsteilige Darstellung, bei der jede Gruppe jeweils nur einen Abschnitt übernimmt. Eine zeitintensivere Erweiterung stellt die akustische Unterstützung der Standbilder durch das Sprechen treffender Zitate dar: Die Schüler wählen aus dem jeweiligen Abschnitt für beide Figuren ein Zitat aus, das deren Haltungen gut zur Geltung bringt. Dieser Satz wird dann bei der Darstellung des Standbilds in der Klasse von den Darstellern selbst oder den dahinter stehenden „Statisten" in mehrfacher Wiederholung gesprochen.

Die dritte Aufgabe, in der herausgearbeitet werden soll, dass Adelheid in der Intrige als eigenständige Person agiert – und nicht als Werkzeug des Bischofs –, kann in Partner- oder Einzelarbeit erledigt werden. Eine Zusammenführung und Diskussion der Ergebnisse sollten auf jeden Fall im Plenum erfolgen.

Lösung
Aufgabe 1
Adelheid von Walldorf ist eine Frau von gepflegtem Äußerem (S. 36, Z. 32). Als Adlige hat sie ein eigenes Kammerfräulein (II, 3). Dass sie gebildet und kultiviert ist, wird u.a. dadurch verdeutlicht, dass sie zum Zitherspiel mit dem Bischof Schach spielt (S. 38, Z. 3). Sie reagiert gelassen – sowohl auf Liebetrauts Spott (S. 39, Z. 9–22) als auch auf die Sorge des Bischofs (S. 39, Z. 30). Außerdem weigert sie sich, als Lockvogel eingesetzt zu werden (S. 40, Z. 29–35). Hierin zeigt sich ihre Souveränität und Unabhängigkeit, die sie sicherlich auch ihrem Stand zu verdanken hat. Als wahre „Dame" verbirgt sie ihr Interesse (als Frau) an Weislingen (S. 43, Z. 29 vs. S. 42, Z. 25 f.).

Aufgabe 2
1. Abschnitt: Adelheid verletzt Weislingen bewusst, indem sie ihm vorhält, er würde sich nicht wie ein Mann verhalten. Weislingen distanziert sich daraufhin und bittet Adelheid, ihn freizugeben.
Mögliche Darstellung in einem Standbild: Adelheid auf einem Stuhl sitzend, Hand aufs Kinn gestützt, gelangweilter Blick, nach vorne gerichtet; Weislingen stehend, Adelheid zugewandt, verletzter Gesichtsausdruck, eventuell an den Handgelenken gekreuzte Arme (wie „gefesselt") zu Adelheid hingestreckt (als Zeichen der Bitte um „Freigabe").
2. Abschnitt: Adelheid stellt wieder Nähe her, indem sie Weislingen um Verzeihung bittet. Weislingen verspricht, beim Augsburger Reichstag gegen Götz zu intervenieren, und bittet um einen Liebesbeweis.

Mögliche Darstellung in einem Standbild: Adelheid steht vor dem knienden Weislingen und reicht ihm die rechte Hand zum Kuss. Weislingen blickt bewundernd zu ihr auf und küsst ihre Hand.
3. Abschnitt: Adelheid fordert Weislingen auf, seine und ihre Güter zurückzuerobern. Weislingen verspricht, diese Forderungen mit „Wollust" zu erfüllen.
Mögliche Darstellung in einem Standbild: Adelheid macht eine befehlende Geste, z. B. zeigt mit gestrecktem Arm in Richtung Tür, blickt Weislingen dabei herrisch an. Weislingen schlägt die Hacken zusammen und führt die Hand zur Stirn oder führt eine andere Geste aus, mit der er seine Bereitschaft signalisiert, den Befehl auszuführen (z. B. ballt die Faust wie ein siegreicher Sportler).
4. Abschnitt: Adelheid lässt Weislingen durch das vage Versprechen einer gemeinsamen Zukunft im Ungewissen. Weislingen gibt mit dem letzten Wort zu verstehen, dass er Adelheid verfallen ist.
Mögliche Darstellung in einem Standbild: Weislingen und Adelheid sind einander zugewandt. Weislingen umfasst mit beiden Händen eine Hand von Adelheid, Adelheid macht mit der anderen Hand eine abwehrende Geste (z. B. Hand aus dem Handgelenk heraus hin und her bewegen).

Aufgabe 3
Adelheids Eigenständigkeit gegenüber dem Bischof bzw. ihre strategische Überlegenheit deutet sich schon im Schachspiel in Szene II, 1 an, durch das die Figur im Drama eingeführt wird. Wiederholt bietet sie dem Bischof Schach (S. 38, Z. 26 f. und Z. 29 f.) und besiegt ihn schließlich (S. 39, Z. 23).
Adelheids Ziel wird mit dem Satz deutlich: „Geh Weislingen und vollende das Werk" (S. 53, Z. 34). Mithilfe der „Schachfigur" Weislingen will sie ihre Interessen, die mit denen des Bischofs verwoben sind, politisch und militärisch durchsetzen. Dem Bischof gegenüber wahrt sie ihre Unabhängigkeit, z. B. indem sie sich dagegen verwehrt, als „Leimstange" zu fungieren (S. 40, Z. 29–35).

Weiterführende Anregung
Im Anschluss an die Bearbeitung der Aufgaben der Kopiervorlage können die Schüler die Ergebnisse anhand eines kreativen Schreibauftrags umwälzen: Stellen Sie sich vor, Sie sind ein guter Freund von Weislingen. Warnen Sie ihn in einem Brief vor Adelheid und zeigen Sie ihm auf, wie er sich aus ihrem „Zauberkreis" lösen kann.

Folgende Punkte können in dem Brief berücksichtigt werden: Adelheid spielt nur mit Weislingen (S. 51, Z. 19 f.; S. 52, Z. 35 ff.; S. 53, Z. 8 f.). Da sie ihm gleichzeitig Gefälligkeit und Verachtung zeigt (S. 53, Z. 14–16), liebt sie ihn nicht, sondern nutzt seine Verliebtheit aus. Die beiden kennen sich nicht erst seit gestern, deshalb kann es sich nicht um eine Laune handeln. Mit einer Veränderung ihrer Einstellung ist also nicht zu rechnen. Weislingen hat auch bei anderen Frauen Chancen, die ihn sicher besser behandeln würden (S. 52, Z. 10 ff.). Weislingen sollte Adelheid auf jeden Fall verlassen, bevor sie ihn noch mehr ausnutzt.

Zur Kopiervorlage Seite 39: BURG UND SCHLOSS

Hier werden die entgegengesetzten Welten von Burg und Schloss, von Ritter und Fürst (Götz und der Bischof) einander gegenübergestellt. Die Protagonisten Götz und Weislingen mit ihrem jeweiligen Umfeld sollen auch aus der Verwurzelung in diesen beiden Welten heraus begriffen werden. Bereits die Besetzung der „Tafel" in I, 4, dann auch Adelheid als Schach spielende Dame und die Existenz ihres Kammerfräuleins legen die Frage nach der Eigenart der höfischen Welt im Unterschied zur „Burgwelt" nahe.

Die ersten beiden Aufgaben, in denen es darum geht, Hintergrundwissen über die Geschichte des Rittertums und das Leben auf einer Burg zu erwerben, können arbeitsteilig gelöst und z. B. in Form von Referaten präsentiert werden. Die dritte Aufgabe lässt sich ebenfalls aufteilen: Die eine Hälfte der Schüler erarbeitet Merkmale des Lebens auf der Burg (relevante Textstellen: I, 2; I, 3; I, 5; II, 2; II, 4; II, 8), die andere Hälfte setzt sich mit dem Leben am Hof auseinander (relevante Textstellen: I, 4; II, 1; II, 3; II, 5; II, 6; II, 7; II, 9). Die Lösungen werden in der Klasse besprochen und auf dem Arbeitsblatt um die Ergebnisse der jeweils anderen Gruppe ergänzt. Die vierte Aufgabe ist für ein Gespräch im Plenum geeignet.

Lösung
Aufgabe 1
Die mittelalterlichen Ritter bildeten den Stand der berittenen, zumeist adligen Berufskrieger im Dienst des Königs. Bedeutsam ist auch ihre Stellung im Lehnswesen: Sie waren einerseits eingebunden in die Treue gegenüber ihrem Lehnsherrn, andererseits aber auch Herren über unfreie Bauern, die das Land der Ritter bearbeiteten. Wichtig war der Ehrenkodex des Ritters (*triuwe* = Treue, *staete* = Beständigkeit, *mâze* = maßvolles Leben, *zuht* = Anstand), wozu auch gehörte, dass er sein Wort halten musste.
Die Burgen waren Herrschafts- und Wohnsitz; die Adligen lebten dort mit ihrer Familie, ihren Knechten und dem Gesinde. Von dort aus wurde zugleich die Feldarbeit verwaltet. Vorrats- und Wirtschaftsräume waren in die Burg integriert. Es gab keine Glasfenster und Öfen; die Böden aus Lehm oder Ziegelstein waren kalt. Nur im großen Saal und im Frauengemach (Kemenate) brannte ein Feuer. Die Betten verhängte man mit dicken Vorhängen, um sich vor kalter Zugluft zu schützen. Das Burggesinde hauste auf Stroh in den Ställen oder in den Werkstuben.

Aufgabe 2
Gründe für den Niedergang des Rittertums:
- Entwicklung neuer Waffen (verbesserte Armbrust, Feuerwaffen) → Veralten der ritterlichen Ausrüstung und Kampfweise (des Nahkampfes Mann gegen Mann)
- Erstarken des Bürgertums und der Städte → Ablösung der Natural- durch die Geldwirtschaft

- Aufkommen von Landsknechtheeren (Söldnerheeren), d. h. feudale Bindungen (Rittertum) wurden durch finanzielle ersetzt
- Ausbau der Territorialstaaten durch die Fürsten → Die Existenz selbstständiger kleiner Rittergüter stand dieser Entwicklung entgegen.
- Verbot des Fehdewesens und des „Raubrittertums" durch die Reichsreform von 1495

Aufgabe 3
siehe Tabelle unten

Aufgabe 4
- Mit seiner Entscheidung, am Hof zu leben, hat sich Weislingen auf die Seite der Gegner geschlagen.
- Bei Hof zählen die alten Ritterpflichten wie der Treueeid nicht (S. 47, Z. 9–13), sondern der Wortbruch ist üblich (vgl. auch KV „Weislingen – ein ‚Fürst'?", S. 37) und wird durch juristische Spitzfindigkeiten getarnt (vgl. Streit um das Römische Recht in I, 4 und II, 10).
- Weislingen kümmert sich nicht mehr um seine eigenen Güter, d. h. er vernachlässigt seine eigentlichen Aufgaben (S. 33, Z. 17–19).
- In Götzens Augen hat Weislingen durch den Eintritt ins Hofleben seine ritterliche Freiheit aufgegeben und sich vom Landesfürsten abhängig gemacht (S. 23, Z. 1–9).

Zur Kopiervorlage Seite 40: STREITEN ODER HEIRATEN – ANALYSE DER SZENE II, 10

Auf den ersten Blick wirkt die Szene II, 10 wie ein Fremdkörper im zweiten Akt. Das ist sie in mehrfacher Hinsicht auch: Mit der Bauernhochzeit wird – als dritte Lebenswelt neben Burg und Hof – das Landleben eingeführt. Mit der gelungenen Versöhnung der Streithähne und dem Fest wird eine Utopie des gelingenden Lebens einfacher Menschen dem höfischen Leben entgegengesetzt (ähnlich wie in III, 20; S. 80, Z. 34–S. 81, Z. 7). Durch die Juristenschelte ist die Szene mit der Szene I, 4 verbunden, in der der Jurist Olearius bloßgestellt wird. Insgesamt wird mit der Szene II, 10 also ein Kontrapunkt zur Dekadenz des Hoflebens gesetzt.

Anhand der beiden Bilder lässt sich der Gegensatz zwischen Heiraten und Prozessieren, zwischen Fest und Rechtsstreit anschaulich vorführen. Die Schüler nähern sich den beiden Themen der Szene an, indem sie zu den Abbildungen Gegensatzpaare finden (Aufgabe 1). Anschließend wird der Bezug zur Lektüre hergestellt (Aufgabe 2). Die beiden Aufgaben lassen sich gut gemeinsam im Plenum bearbeiten. Für die dritte Aufgabe, die an den Rechtsstreit in I, 4 anknüpft, müssen die Schüler genau am Text arbeiten und nachdenken. Deshalb empfiehlt es sich, sie in Kleingruppen bearbeiten zu lassen bzw. als Hausaufgabe zu stellen. Die vierte Aufgabe sollte schließlich im Plenum erörtert werden, um verschiedene Ansichten einander gegenüberstellen zu können. Eventuell bereiten die Schüler sich auf diese Diskussion vor, indem sie zu Hause eine kurze schriftliche Erörterung verfassen; die Ergebnisse werden dann in der nächsten Stunde vorgetragen und diskutiert.

Lösung
Aufgabe 1
Freude – Leiden; Friede – Streit; genießen – entbehren; schenken – wegnehmen; spielen und tanzen – quälen; Gleichheit – Machtgefälle; Unterhaltung – Verhör; Vertrauen – Gewalt

Aufgabe 2
Schwiegervater und Bräutigam haben acht Jahre lang vor Gericht um ein Stück Land gestritten und dafür dem Assessor Sapupi viel Geld gezahlt, ohne dass eine Partei letztlich wirklich Recht bekommen hätte. Danach haben sie ihren Streit „glücklich und fröhlich" (S. 54, Z. 24 f.) durch die Heirat beigelegt; der Brautvater hat außerdem seine Tochter versorgt, der Bräutigam das schönste Mädchen des Dorfes zur Frau bekommen und das Land bleibt ganz im Besitz der Familie. Die beiden Parteien haben also durch die Heirat den Rechtsstreit beigelegt und Frieden geschlossen.

Leben auf der Burg	Leben am Bamberger Hof
• Raubzüge zur Sicherung des Lebensunterhalts, „Raubrittertum" (S. 8, Z. 32 f.; S. 16, Z. 8–29; S. 17, Z. 13; S. 41, Z. 26–28); von Acker- und Weinbau zu leben, ist ein fernes Ideal (S. 33, Z. 29 f.) • Einfaches, bescheidenes Leben: Die Burgherrin kocht selbst (S. 18, Z. 12); Maria holt Wein (S. 18, Z. 15 f.); einfaches Essen (Lammbraten mit Rüben, Bratapfel; S. 20, Z. 23–26); das Braten des Apfels wird von Götz als unnötiger Aufwand betrachtet (S. 23, Z. 27–29) • Gebundenheit an den Kaiser, ansonsten Unabhängigkeit (S. 23, Z. 1 f.; S. 34, Z. 31 f.); kaum Einfluss auf die Reichspolitik • Bescheidenheit (S. 12, Z. 36); Freiheit (S. 23, Z. 1 f.); Tapferkeit (S. 24, S. 34 ff.); Ehrlichkeit (S. 25, Z. 10–12); selbst Weislingen beruft sich zunächst auf den Eid, den er gegenüber Götz geäußert hat (S. 47, Z. 9 f.)	• Zeitvertreib durch Tischgesellschaften (I, 4), Spiele (z. B. Schachspiel; S. 38, Z. 3), Gesang (S. 38, Z. 5–25); Adelheid hält sich z. B. nur zur Zerstreuung am Hof auf (S. 37, Z. 15 f.) • Maßlose, aufwendige Lebensführung am Hofe: große Tischgesellschaften, bei denen aus großen Pokalen getrunken wird (S. 25, Z. 22; S. 30, Z. 16 und Z. 29 f.); Knappen sind in Seide gekleidet (S. 50, Z. 33); teurer Schmuck und teure Kleidung (S. 52, Z. 2–6) • Gebundenheit an den Hof (S. 23, Z. 3); Einfluss auf die Reichspolitik (S. 53, Z. 26 ff.) • Etikette, Ansehen, äußerer Glanz, Taktieren: Weislingen bemüht sich um die Gunst des Fürsten und schöner Frauen (S. 40, Z. 23 f.; S. 43, Z. 19 f.), während seine eigenen Güter verkommen (S. 33, Z. 17–19); Dame wird zur Tafel geführt (S. 50, Z. 12); Weislingen will mit einem Knappen nicht sprechen (Standesdünkel; S. 51, Z. 1–3)

Aufgabe 3

a) Position des Juristen Olearius sowie des Bischofs: Das *CIC (Corpus iuris civilis)*, Justinians Recht, ist eine Gesetzessammlung für alle Fälle (S. 26, Z. 30 ff.); nach ihm werden „kluge" Juristen für die Gerichte des Kaisers ausgebildet (S. 26, Z. 5–7). Seine richtige Anwendung garantiert Ruhe und Frieden (S. 27, Z. 3–5).
Frankfurter Gegenposition: Richter sollen erfahrene Männer mit Urteilskraft sein (S. 27, Z. 20 ff.), die sich auf wenige bewährte Statuten stützen (S. 27, Z. 26 f.); Juristen sind „Beutelschneider" und „Verwirrer des Staats" (S. 28, Z. 7 f.); der Anschein von Ehrwürdigkeit und Gelehrsamkeit, den sie erwecken, ist unbegründet (S. 28, Z. 27 ff.).
→ Dadurch, dass Olearius in der Szene als Aufschneider verspottet wird, wird seine Position bereits an dieser Stelle infrage gestellt.

b) Die Szene II, 10 widerlegt endgültig die Position des Olearius und des Bischofs: Der Rechtsstreit zwischen den beiden Familien entlarvt die Juristen als „Beutelschneider", die vom Streit der Parteien leben und ihn deshalb nicht beenden. Den Streit menschlich, also wie in diesem Fall durch eine Heirat beizulegen, wird als sinnvolle Methode dargestellt.
Goethe bezieht hier eindeutig für Götz und gegen den Bischof und dessen Politik Position; damit ist die Auseinandersetzung zwischen der „alten Welt" der Burg und der „neuen Welt" des Hofes, zwischen der altdeutschen Treue Götzens und der juristischen Schläue der Moderne auf der theoretischen Ebene im Sinne des Protagonisten beendet.

Aufgabe 4

Bei der Heiratspraxis der Stammesgesellschaften dient die Verbindung der Ehepartner dem sozialen Ausgleich von Gruppen; der Einzelne ordnet sich dem Wohl des Stammes unter. Diese Praxis fand (und findet) man auch in europäischen Adelskreisen: Die Bedürfnisse des Individuums wurden den Interessen des Hauses untergeordnet. Neben den genannten Beispielen stellt in der Lektüre auch der Anspruch des Bischofs an Adelheid, sie solle Weislingen für seine Zwecke gewinnen (vgl. S. 40, Z. 33 f.), einen vergleichbaren Fall dar. Die Idee der Selbstbestimmung der Frau und das Ideal der romantischen Liebe bzw. der Liebesehe lassen eine zweckbestimmte Heirat als unmenschlich erscheinen. Die Schüler werden in ihrer Argumentation vermutlich den Bedürfnissen des Individuums vor den Belangen der Familie oder des sozialen Verbandes den Vorrang geben.

■ Zur Kopiervorlage Seite 41: DIE SACHE KOMMT VOR DEN REICHSTAG

Weislingen hat im Kampf gegen Götz seine rechtlichen Möglichkeiten genutzt und den Kaiser bzw. den Reichstag eingeschaltet (III, 1). Dieses Ereignis stellt insofern einen Wendepunkt in der Auseinandersetzung dar, als damit Götzens Niedergang eingeleitet wird.

Die Schüler erhalten zunächst anhand eines kurzen Textes Informationen über die Institution des Reichstags. Auf diese Weise wird das historische Wissen vertieft, das bereits auf der Kopiervorlage „Altes oder neues Recht?" (S. 35) erworben wurde. Anschließend erarbeiten die Schüler einen Überblick über die Geschichte des Streits zwischen Götz und seinen Feinden, indem sie Götzens Erfolge und Misserfolge einander tabellarisch gegenüberstellen. Mit der dritten Aufgabe wird gefragt, an welcher Stelle Berlichingen selbst erkennt, dass sein Sturz nahe ist.

Sie können die Kopiervorlage nach der Lektüre des dritten Akts einsetzen. Es empfiehlt sich, die zweite Aufgabe in Kleingruppen bearbeiten zu lassen. In diesem Fall kann die dritte Aufgabe kurz mündlich besprochen und anschließend notiert werden, die Textstelle müsste den Schülern bekannt sein. Wenn der Kurs über eine solide Textkenntnis verfügt, können Sie alternativ die zweite Aufgabe auch einem einzelnen Schüler für ein Referat übertragen. Dann sollten Sie den Schülern für die Bearbeitung der dritten Aufgabe im Plenum etwas Zeit für das Überfliegen des dritten Akts einräumen.

Lösung

Aufgabe 2

siehe Tabelle unten

Götzens Erfolge	Götzens Misserfolge
• Ein alter Streit wird beigelegt (S. 5, Z. 25–29). • Götz fängt Weislingen, den Chefdiplomaten des Bischofs (S. 17, Z. 15 ff.). • Weislingen verbündet sich mit Götz und verlobt sich mit Maria (I, 5). • Götz eröffnet eine Fehde gegen Nürnberg (II, 2). • Nürnberger Kaufleute werden überfallen (S. 56, Z. 21–30). • Sie beschweren sich erfolglos beim Kaiser (S. 57, Z. 21–S. 58, Z. 13). • Sickingen will Götzens Schwager werden (III, 2). • Sickingen unterstützt Götz mit Soldaten (III, 4). • Franz Lerse stößt zu Götz (III, 6). • Götz gewinnt das erste Gefecht (III, 7 und 8). • Götz gewinnt eine Schlacht knapp (III, 12 und 13). • Götz bekommt freien Abzug zugesichert (III, 20). [scheinbarer Erfolg]	• Die Gefangennahme von Götzens Knappen führt zu einer neuen Fehde (S. 5, Z. 31–33). • Ein Überfall auf den Bischof ist gescheitert (S. 6, Z. 1 f.). • Der Bischof will beim Kaiser vorsprechen (S. 29, Z. 36–S. 30, Z. 2). • Adelheid gewinnt Weislingen für den Bischof zurück (II, 9). • Weislingen verstärkt die Truppen des Bischofs und will auf dem Reichstag gegen Götz auftreten (S. 53, Z. 25–S. 54, Z. 13). • Weislingen gewinnt den Kaiser dafür, Götz zu fangen (S. 58, Z. 14–S. 59, Z. 20). • Die Truppen der Reichsexekution sind gegen Götz unterwegs (III, 3). • Der Kaiser hat die Reichsacht über Götz verhängt (III, 9). • Der kaiserliche Hauptmann plant einen Angriff auf Jagsthausen (III, 10). • Georg kann keine neuen Reiter mehr für Götz gewinnen (S. 75, Z. 2 f.). • Götz erkennt Gefahr (S. 75, Z. 4 f.). Er schickt Maria und Sickingen in Sicherheit (S. 75, Z. 33 f.). • Das Reichsfähnlein marschiert gegen Jagsthausen (S. 75, Z. 11 f.). • Götz wird zu bedingungsloser Kapitulation aufgefordert, die er ablehnt (S. 77, Z. 7–17). • Waffen und Vorräte in der Burg werden knapp (III, 18). • Beim Abzug wird Götz überfallen und gefangen genommen (III, 22).

Aufgabe 3
„Vielleicht bin ich meinem Sturze nahe“ (S. 75, Z. 31 f.).

Zur Kopiervorlage Seite 42: UTOPIE IN DER BEDRÄNGNIS

Nach anfänglichen Erfolgen gegen die vom Reich entsandten Truppen wird Götz in die Enge getrieben; seine Burg wird belagert. In der Not zeigt er seine Größe – das ist die Botschaft der zweiten Szene „Saal“ (III, 20). Welche Funktion die Utopie des Lebens in Freiheit innerhalb des Stücks hat, kann man erst am Ende (V, 14) sehen (vgl. dazu die KV „Zwei Gegner sterben“, S. 46).

Anhand des Vergleichs der Szene mit dem biblischen Abendmahl können Sie in die Beschäftigung mit der Szene III, 20 einsteigen, z. B. in Form eines Unterrichtsgesprächs oder in Kleingruppen. Indem die Schüler Parallelen herausarbeiten und benennen, verorten sie die Szene im Kontext und geben zentrale Inhalte des Gesprächs wieder. In einem zweiten Schritt werden die vorgegebenen Gesprächsabschnitte analysiert (2 a). Diese Aufgabe sollten alle Schüler einzeln bearbeiten, um die Technik der Szenenanalyse einzuüben; sie kann z. B. als Hausaufgabe gestellt werden. Götzens Utopie von einer freien, friedlichen Zukunft wird mit dem darauffolgenden Arbeitsauftrag thematisiert (2 b): Die gegenwärtige Situation von Götz und seinen Leuten ist ambivalent. Obwohl Gefahr für Leib und Leben droht, blickt Götz voller Zuversicht nach vorn. Diese Aufgabe kann arbeitsteilig mit einem Partner gelöst werden. Die Ergebnisse und das Fazit (2 c) sollten anschließend im Plenum zusammengeführt werden.

Abschließend wird mit Aufgabe 3 der Bogen zur Lebenswelt der Schüler geschlagen: Die Frage, was für sie der höchste Wert ist, soll zur Besinnung einladen, für die je nach Klima in der Klasse oder im Kurs mehr oder weniger Zeit zur Verfügung zu stellen ist.

Lösung
Aufgabe 1
Mögliche Übereinstimmungen der Szene III, 20 mit dem biblischen Abendmahl:

- Letzte gemeinsame Mahlzeit vor einem drohenden Ereignis (Gefangennahme Jesu Christi / Einnahme der Burg)
- Versammlung von Getreuen um eine Führungsperson (Jesus / Götz)
- Gemeinsames Trinken von Wein als Zeichen der Verbindung
- Weitergeben einer Botschaft, die über den Tod hinausreicht (Erinnerung an Jesu Tod und seine Botschaft / Utopie von einem Leben in Freiheit ohne gesellschaftliche Schranken)

Aufgabe 2
Mögliches Tafelbild zu a) und b): siehe Tabelle unten
c) Die Verteidiger besinnen sich auf ihr altes Ideal der Freiheit zurück und haben somit wieder einen Grund gefunden, für den es sich zu kämpfen lohnt. Der freie Abzug, der ihnen im Anschluss von den Belagerern zugestanden wird, erfolgt allerdings in betrügerischer Absicht, wie sich in III, 22 zeigt.

Zur Kopiervorlage Seite 43: KAMPF UM DAS EIGENE RECHT

Im vierten Akt führt Götz ein juristisches Streitgespräch mit den Vertretern des Kaisers. Als Gefangener wird er nicht wie ein gleichwertiger Gegner behandelt; trotzdem kommt zum Ausdruck, was sich bereits bei der Bearbeitung der Kopiervorlage „Altes oder neues Recht?“ (S. 35) gezeigt hat: An einer Zeitenwende stehen sich nicht nur zwei Parteien im Rechtsstreit gegenüber, sondern auch zwei Rechtsauffassungen bzw. die Vertreter zweier historischer Epochen. Während Götz ein Vertreter der „alten Zeit“ ist, repräsentieren die kaiserlichen Räte die neue Ordnung (vgl. auch Infokasten, S. 27).

Anders als die Gegenpartei wird Götz jedoch in dieser Szene nicht nur als Vertreter einer Partei, sondern auch als Mensch von Charakter gezeichnet. Dieser Aspekt kann mithilfe der weiterführenden Anregung auf S. 26 bzw. mithilfe der Kopiervorlage „Götz in der Krise“ (S. 44) herausgearbeitet werden.

Textstelle	Gesprächsinhalte	Bedeutung für die Zukunft
S. 79, Z. 23 – S. 80, Z. 3	Teilen der letzten Flasche Wein mit seinen Leuten	Das selbstlose Teilen ist ein Beispiel für die Gesellschaft ohne Schranken, die sich Götz für die Zukunft erhofft.
S. 80, Z. 10 – 13	Tröpfeln des Weins, als die Flasche geleert wird	Im Tröpfeln des Weins sieht Götz das mögliche Verbluten angedeutet, d. h. er erwartet ein baldiges Ende.
S. 80, Z. 23 – S. 81, Z. 7	Verweis darauf, dass es „edle Herren“ in der Vergangenheit gegeben hat	Mit dem Verweis auf das in der Vergangenheit bereits umgesetzte Ideal wird die Möglichkeit einer friedlichen Zukunft begründet.
S. 81, Z. 8 – 15	Bekenntnis, dass Götz so ein edler Herr ist	Götz sieht darin den Beweis, dass es in Zukunft mehr edle Herren geben kann.
S. 81, Z. 29 – 33	Besinnung auf ihre tatsächliche Situation	Götz ist guten Mutes, dass sie einen Ausweg finden werden. Er muntert Georg auf.
S. 82, Z. 1 – 7	Nachricht vom Angebot des freien Abzugs	Das Angebot des Abzugs wirkt wie ein Aufbruch in die Freiheit.

Der Einstieg in die Szene erfolgt über einen Bericht der Malerin und Bürgerrechtlerin Bärbel Bohley über Schikanen der früheren DDR-Behörden gegen Abweichler vom System. Die Schüler setzen sich also mit dem Wechsel der Rechtsordnung in Deutschland (bzw. in der ehemaligen DDR) 1990 auseinander, bevor sie den Streit in der Szene IV, 2 genauer unter die Lupe nehmen.

Die zweite Aufgabe dient dazu, die unterschiedliche Sicht der beiden Parteien – Götz vs. die kaiserlichen Räte – bei ihrer Konfrontation deutlich zu machen.

Indem die Schüler abschließend Gemeinsamkeiten und Differenzen zwischen der im Drama geschilderten Situation und dem Konflikt in der zweiten Hälfte des 20. Jahrhunderts herausarbeiten, findet eine Vertiefung der Ergebnisse statt.

Lösung

Aufgabe 1

Beschriebene Merkmale der alten Rechtssituation:

- Oppositionelle wurden als Staatsfeinde angesehen.
- Es wurde nicht untersucht, sondern entschieden, wer ein „Staatsfeind" war.
- Privatpersonen wurden zu inoffiziellen Mitarbeitern der Stasi gemacht.
- Illegale Vorgehensweisen für das Erbringen von „Beweismitteln" wurden unterstützt.

Beschriebene Kennzeichen der neuen Rechtssituation:

- Man kann Einsicht in bisher geheime Akten beantragen.
- Nachträglich kann das Vorgehen in der DDR in der Öffentlichkeit neu bewertet werden: Verschwörung gegen das Leben, Verdrehung von Recht und Unrecht, von Treue und Verrat ...

Aufgabe 2

a) Vorgehen bei der Gefangennahme: siehe Tabelle unten

b) Aus Götzens Sicht ist die Frage nach dem Wohl seiner Untergebenen Teil seiner Fürsorgepflicht gegenüber seinen Knechten. Aus Sicht der Räte ist die wiederholte Nachfrage eine Störung des geordneten Verfahrens.

c) Auf der Grundlage des Landfriedens hätte Götz die Fehde nicht eröffnen dürfen, sondern vor Gericht gehen müssen. Mit seiner Fehde hat er sich also gegen den Beschluss des Reichstags gestellt. Da der Landfriede aber nur schrittweise und mit Rückschlägen durchgesetzt wurde, hielt sich Götz als bewährter Kämpfer an das überkommene Fehderecht, weil er glaubte, nur so Gerechtigkeit erlangen zu können.

Aufgabe 3

Gemeinsamkeiten: Veränderung einer Rechtsordnung; Umwertung der Definition der unter dem alten Recht geltenden Werte (Recht – Unrecht, Treue – Untreue usw.); Verfolgung des Abweichlers durch die Machthaber; Vorteile für die, die mit den Machthabern zusammenarbeiten.

Unterschiede: Bohley spricht als eine vom neuen Recht geschützte Frau, während Götz das alte gegen das neue Recht verteidigt. Während die Menschenrechtlerin im alten System verfolgt wurde und sich im neuen frei bewegen kann, befindet sich Götz in der Situation des Angeklagten. In der Zeit um 1500 ging es um eine politisch-rechtliche Modernisierung, während der Umbruch in der DDR eher den Übergang von einer Diktatur zu einem Rechtsstaat darstellte.

Weiterführende Anregungen

- Im Anschluss an die Bearbeitung der Kopiervorlage kann – eventuell als Vorbereitung auf die Kopiervorlage „Götz in der Krise" (S. 44) – die Tragik der Figur des Götz herausgearbeitet werden, die sich in der Szene IV, 2 zeigt: Der einzelne Mensch muss untergehen, wenn er von einer großen historischen Krise nicht zu profitieren versteht. Geben Sie das Götz-Zitat „Aber ich will Euch lehren wie man Wort hält" (S. 89, Z. 2 f.) vor und lassen Sie die Schüler daraus das Selbstverständnis des Protagonisten herausarbeiten: Für Götz ist es eine Frage des Charakters und der Ehre, ein gegebenes Wort zu halten (vgl. S. 96, Z. 11–14). Seine Ritterpflicht ist ihm heilig (S. 19, Z. 24). So ist er ein Gegenbild des untreuen Ritters Weislingen (vgl. S. 47, Z. 9 ff.). – Götz versteht die Entwicklung nicht, die über ihn hinweggeht. Er setzt Charakter gegen die historische Krise seiner Zeit.
- Goethe schrieb sein Sturm-und-Drang-Drama „Götz von Berlichingen" im Vorfeld der Französischen Revolution, die nach allgemeinem Verständnis das Ende der Frühen Neuzeit bzw. den Übergang in die Moderne (oder Späte Neuzeit) markiert. Im Zusammenhang mit den Kopiervorlagen „Die Entstehung des ‚Götz'" (S. 12/13) und „Die Epoche des Sturm und Drang" (S. 14) können die Schüler Überlegungen anstellen, wieso sich Goethe Ende des 18. Jahrhunderts mit Figuren des 16. Jahrhunderts (Götz von Berlichingen, Faust) befasste. Dabei lassen sich folgende Ergebnisse erwarten: In der Krise der Institutionen des 18. Jahrhunderts konnte der herausragende Charakter eines Götz von Berlichingen, seine deutsche Treue, dem jungen Goethe als Ideal eines selbstbestimmten Lebens erscheinen. Der „starke Kerl" kämpft in einer Zeit des Umbruchs gegen Intrigen und Institutionen.
- Um das Thema des Berichts zu vertiefen, können Sie eine Diskussion darüber anregen, ob man Angehörige der Stasi oder deren inoffizielle Mitarbeiter nach dem Recht der BRD bestrafen darf bzw. sollte.

Position der Räte	Götzens Position
Es gibt die Reichsexekution gegen Götz: Er musste sich auf Gnade und Ungnade ergeben, weil er den Landfrieden gebrochen hatte. Die Zusage des freien Geleits war eine List, um den Rechtsbrecher gefangen zu nehmen. Gegenüber einem Verbrecher braucht man sein Wort nicht zu halten.	Die Truppen haben mir ihr Ehrenwort für den freien Abzug gegeben. Dieses Wort haben sie gebrochen. Daran sieht man, dass sie charakterlose Gesellen sind.

i

Vom Mittelalter zur Neuzeit

Die erste Hälfte des 16. Jahrhunderts war eine Zeit des Übergangs: Neue Kontinente traten in den Blick und wurden durch Handel sowie Kolonialismus an Europa gebunden. Während im Mittelalter das Lehnswesen die vorherrschende Herrschaftsform war, entwickelten sich die deutschen Fürstentümer nun zu Territorialstaaten, die nach außen souverän waren und nach innen das Gewaltmonopol besaßen. Die Einheit der Kirche ging durch die Reformation verloren. Durch Handwerk, Handel und Bildung gewannen die Städte gegenüber dem Land an Bedeutung. Diese Entwicklung beförderte auch den Aufschwung des Bürgertums, das seine Position gegenüber Adel und Geistlichkeit ausbauen konnte.

Während im Mittelalter die Autorität von Schriften eine wichtige Rolle im Erkenntnisprozess gespielt hatte, erlangten nun Erfahrung und naturwissenschaftliche Methoden einen höheren Stellenwert. Durch Bildung und kritisches Denken gewann der Einzelne an Wert und Selbstbestimmung; gleichzeitig wurde er in seiner Freiheit durch Verordnungen stärker eingeschränkt. Insgesamt richtete sich das Leben zunehmend mehr am Diesseits als am Jenseits aus.

Diese Veränderungen waren Prozesse, die sich über Jahrhunderte erstreckten und nicht alle Bevölkerungsschichten gleichermaßen betrafen. Die Frühe Neuzeit wurde durch das Bilden von Nationalstaaten, die Aufklärung, die Industrialisierung und den Liberalismus weitergeführt.

Zur Kopiervorlage Seite 44: GÖTZ IN DER KRISE

„Was ist mit Götz los?“ – Diese Frage stellt sich der Leser bei der Lektüre von Szene IV, 5. Die pauschale Antwort lautet: Götz steckt in einer Krise. Diese deutet sich bereits zu Beginn des Akts an (vgl. KV „Utopie in der Bedrängnis“, S. 42). Mit dem Arrest auf seiner Burg in Jagsthausen ist Götz in seinem Bewegungs- und Handlungsfreiraum eingeschränkt. Zur Untätigkeit gezwungen, sieht er sich darin bestätigt, dass die „alte Zeit“ – seine und die des Kaisers – dem Ende entgegengeht. Diese Entwicklung spiegelt sich u. a. darin wider, dass Götz zu Beginn des Geschehens noch Wein nachschenken kann (S. 7, Z. 30–33), während er bei der Belagerung der Burg die letzte Flasche holen lässt (S. 79, Z. 27 ff.). Am Ende des Dramas bittet er dann um einen Schluck Wasser (S. 119, Z. 12). Der Autor bereitet den Leser mit der Szene IV, 5 außerdem auf den Fortgang des Geschehens vor: auf den Eintritt in den Bauernkrieg (V, 2) sowie auf Georgs und Götzens Tod (V, 14).

Anhand einer grafischen Darstellung des Krisenbegriffs steigen die Schüler in die Auseinandersetzung mit der Szene ein. Eventuell kann die Grafik auch groß auf Folie kopiert im Klassenraum projiziert werden. Dann wird die Ausgangssituation kurz mündlich im Plenum benannt. Die zweite Aufgabe fordert eine genauere Beschäftigung mit dem Text: Die Schüler arbeiten allein oder mit einem Partner Stärken und Schwächen des Protagonisten in der Krise heraus. Die Frage, ob Götz der Situation gewachsen ist, leitet zur dritten Aufgabe über, die anschließend im Plenum besprochen werden kann. Hier werden mit Georgs und Lerses Umgang mit dem Arrest weitere mögliche Sichtweisen in den Raum gestellt. Die abschließende Aufgabe, Götzens Verhalten anhand zweier psychologischer Modelle zu bewerten, hebt die Auseinandersetzung auf eine allgemeinere Ebene und trägt dazu bei, die Krise menschlich zu verstehen. Da die beiden vorgestellten Theorien (Typen von Krisen, Modell der Lebensphasen nach Erikson) nicht schwer zu verstehen sind, können die beiden Teilaufgaben arbeitsteilig gelöst werden.

Lösung

Aufgabe 1

Definition des Begriffs „Krise“: Situation, in der über Rettung oder Untergang in einer Problematik entschieden wird

Übertragbarkeit der Grafik auf Götzens Situation in IV, 5: Im vierten Akt deutet sich an, dass im Folgenden nicht nur über Götzens Schicksal entschieden wird, sondern dass eine grundsätzliche Wende bevorsteht, die Berlichingens Rolle als freier Ritter infrage stellt. Es steht also die Entscheidung bevor, ob er Gefangener bleibt bzw. verurteilt wird oder ob er sich mit den neuen Verhältnissen arrangieren und seinen Platz finden wird.

Aufgabe 2

siehe Tabelle unten

→ Schwächende und stärkende Umstände – sowohl innere als auch äußere – halten sich die Waage. Während Götzens Untätigkeit seinen Lebenswillen eher schwächt, verleihen die Rückbesinnung auf seine alten ritterlichen Werte und das Eingreifen der Verbündeten ihm neue Stärke und Zuversicht.

Schwächende Umstände	Stärkende Umstände
Gefangen mit seinen Leuten (IV, 1)	Wehrt den Angriff der Knechte ab (S. 88, Z. 26 ff.)
Wäre mit ritterlicher Haft zufrieden (S. 89, Z. 3–5; S. 90, Z. 30)	Wird von Sickingen befreit (S. 90, Z. 15 ff.)
Seit Längerem ohne Zuversicht (S. 92, Z. 8–11)	Aussicht auf Einsatz als Reiter (S. 91, Z. 18–20 und Z. 31 f.)
Weislingens neue Intrige gegen Götz (S. 93, Z. 11 f.)	Kaiser billigt Götzens Befreiung (S. 92, Z. 29 ff.)
Leidet unter der erzwungenen Untätigkeit (S. 95, Z. 25–28)	Bewusstsein der eigenen Treue (S. 96, Z. 11–14)
Betrachtet das Schreiben von Memoiren als unnützen Zeitvertreib (S. 95, Z. 33–S. 96, Z. 2)	Sieht sich als tapferen und treuen Ritter (S. 96, Z. 22–27)

Aufgabe 3

a) Georg sieht das neue Jägerdasein als Abstieg gegenüber dem Kriegerdasein (Stiefel → Pantoffeln; Pantoffeln stehen für Schwäche und Passivität, Stiefel für Stärke und Aktivität). Außerdem scheint der Abstieg unumkehrbar zu sein, weil man aus Pantoffeln keine Stiefel machen kann. Er ordnet das eigene Dasein in die „bedenklichen Zeiten" und ihre kosmischen Zeichen ein (S. 97, Z. 5–8).

b) Lerse wertet das Jägerdasein nicht so stark ab, es sei „doch immer was". Er rechnet in der Umgebung mit „noch schrecklicheren Veränderungen": mit dem Bauernaufstand (S. 97, Z. 10–12).

c) und d) Götz sieht zum einen eine elementare Veränderung des eigenen Lebens voraus („aus unserm Kreise geruckt"), zum anderen das Ende der eigenen „Ära" („Bahn") bzw. des eigenen Lebens. Auf wen sich das Pronomen „unser" bezieht, ist im Kontext nicht eindeutig zu ermitteln. Er könnte damit sich und seine Getreuen meinen, eventuell aber auch das eigene Schicksal vom baldigen Tod des Kaisers abhängig machen (S. 97, Z. 7 f.). Dafür spricht, dass er an anderer Stelle geäußert hat, er und der Kaiser hätten „einerlei Schicksal" (S. 80, Z. 5).

Aufgabe 4

a) Götz befindet sich in einer Veränderungskrise: Der Wandel, dem seine Zeit unterworfen ist (Rechtssystem, Werte ...), stellt seine Identität und Position in der Gesellschaft infrage. Diese Zweifel werden durch die Gefangennahme verstärkt, aber nicht ursächlich ausgelöst.

b) Während Götz in der Utopie eines freien Lebens (III, 20) die eigene Lebensform an die nächste Generation weitergeben wollte (Stufe 7), blickt er in IV, 5 voller Verzweiflung auf sein Leben zurück: Es komme „auf eins hinaus", ob man in einer besseren Welt friedlich als Jäger lebt oder notgedrungen in einer bloß von Gesetzen geregelten Welt. Er kann Einbußen nicht akzeptieren. D. h. in der Szene IV, 5 befindet er sich bereits auf Stufe 8 der Lebensphasen nach Erikson.

Zur Kopiervorlage Seite 45: BAUERNKRIEG

Mit dem Bauernkrieg weitet sich noch einmal das Szenario, in dem Götz agiert. Zudem spitzt sich seine Krise insofern entscheidend zu, als er als Anführer der aufständischen Bauern in diese Auseinandersetzung eingreift, somit sein Wort gegenüber dem Kaiser bricht und daraufhin in Gefangenschaft gerät. Dramaturgisch wird der Bauernaufstand durch eine Bemerkung Sievers' in I, 1 („Dürften wir nur so einmal an die Fürsten ...", S. 7, Z. 22 f.) und durch Lerses Information in IV, 5 („Die Bauern haben einen entsetzlichen Aufstand erregt", S. 97, Z. 11 f.) vorbereitet. Die Kopiervorlage dient hauptsächlich dazu, Götzens Rolle im Aufstand zu erhellen. Gleichzeitig werden elementare Kenntnisse über den Bauernkrieg vermittelt. Wie Götz seine Krise meistert, wird dann mithilfe der nächsten KV („Zwei Gegner sterben", S. 46) untersucht.

„Worum ging es im Bauernkrieg?" – Führen Sie die Schüler mit dieser Frage zur kurzen historischen Darstellung hin. Interessierte Schüler können sich darüber hinaus mit den Ursachen und dem Verlauf des Bauernkriegs befassen und finden dazu Informationen auf u. a. folgenden Seiten im Internet:

- *https://www.pro-region.de/media/downloads/pdf/pro_region_1/03_die_region/geschichte/Bauernkrieg.pdf* (kurze Darstellung)
- *https://anno1525.de/der-bauernkrieg/*

Nach der Lektüre des kurzen Überblicks über wichtige historische Hintergründe lösen die Schüler die zweite und dritte Aufgabe in Einzelarbeit oder als Hausaufgabe. Hier geht es zunächst darum, die Darstellung des Verhaltens der Aufständischen (V, 1) und des Vertragsabschlusses mit Götz (V, 2) zu erfassen.

Abschließend sollen die Schüler – vor allem unter Berücksichtigung der Szenen V, 2; V, 4 und V, 5 – Götzens Verhalten unter ethischen Gesichtspunkten beurteilen. Eine tabellarische Gegenüberstellung sollte in Partner- oder Kleingruppenarbeit erfolgen, die anschließende Diskussion im Plenum stattfinden. Die Frage „Ist es gerechtfertigt, gegen Grundsätze zu verstoßen, um Schlimmeres zu verhindern?" kann unter Berücksichtigung aktueller Beispiele für die Lebenswelt der Schüler erörtert werden (vgl. „Weiterführende Anregung", S. 29).

Lösung

Aufgabe 1

- Ursachen: Krise der feudalen Ordnung; Enteignung der Gemeinden; Leiden der Bauern unter drückenden Lasten
- Verlauf: 1524 Beginn des Bauernaufstands, durch reformatorische Ideen unterstützt; 1525 zuerst teilweise Verhandlungen mit den Bauern, nach Scheitern Niederschlagen des Aufstands durch das Militär
- Rolle des historischen Götz: 1525 vier Wochen Anführer des Odenwälder Haufens; 1526 Freispruch durch das Reichskammergericht; 1528 Gefangennahme durch den Schwäbischen Bund; bis 1530 Inhaftierung in Augsburg

Aufgabe 2

- Die Bauern morden und plündern in einem Dorf (S. 98, Z. 3 ff.).
- Betroffen sind auch Unbeteiligte wie Kinder, alte Menschen und Frauen (S. 98, Z. 4–11).
- Das Morden bereitet den Anführern Freude (S. 98, Z. 23 f.; S. 99, Z. 14 und Z. 20 f.).
- Über Forderungen zu verhandeln wird abgelehnt (S. 98, Z. 27 ff.).
- Die Aufständischen werden zum Morden regelrecht angetrieben (S. 99, Z. 1 f.).
- Sie kennen ihr Unrecht (S. 100, Z. 3).
- Die Opfer stehen ihrer Meinung nach auf der Stufe von Hasen (S. 99, Z. 27 f.).
- Die Täter projizieren ihre Mordbilder in die Natur (S. 100, Z. 12 ff.).

Aufgabe 3
Wir, Götz von Berlichingen sowie Kohl und Wild als Vertreter der Aufständischen, sind folgendermaßen übereingekommen:
1. Herr Götz von Berlichingen übernimmt die Führung der Aufständischen. Diese Aufgabe endet nach Ablauf von vier Wochen (S. 102, Z. 1 f.).
2. Im Gegenzug verpflichten sich die Aufständischen, nicht mehr zu morden und zu plündern, sondern ihre Forderungen in angemessener Weise vorzubringen (S. 101, Z. 30 f.).
3. Diese Abmachung gilt für alle Haufen und ist unter Strafe einzuhalten (S. 102, Z. 5–7).

Aufgabe 4
Pro-Argumente zu der Behauptung „Mit dem Vertragsabschluss hat Götz seine ritterlichen Ideale verraten.“:
- Götz hat den Bann gegenüber dem Kaiser gebrochen und somit gegen sein oberstes Lebensprinzip verstoßen, als Ritter immer Wort zu halten (S. 101, Z. 4 f.; S. 89, Z. 2 f.; S. 96, Z. 22 f. und Elisabeths Reaktion, S. 104, Z. 6).
- Indem Götz die Anführerschaft über Räuber und Mörder übernimmt, wird er selbst zum Missetäter und verstößt gegen geltendes Recht (S. 104, Z. 9–11).
- Unter Götzens Anführerschaft geschehen weitere Missetaten (vgl. V, 5).

Kontra-Argumente zu der Behauptung „Mit dem Vertragsabschluss hat Götz seine ritterlichen Ideale verraten.“:
- Götzens Bereitschaft, sich mit den Aufständischen einzulassen, ist unter Zeitdruck und Zwang zustande gekommen (S. 101, Z. 23 ff.; S. 104, Z. 7 f.).
- Bevor Götz sich bereit erklärt, die ihm zugedachte Aufgabe zu übernehmen, handelt er mit den Aufständischen einen Vertrag aus, der ihnen ausdrücklich das Morden und Plündern untersagt (V, 2; S. 104, Z. 12–19).
- Götz sagt sich von den Aufständischen los, als sie mit der Mordbrennerei nicht aufhören (S. 105, Z. 5). Er ist bereit, für diese Entscheidung sein Leben zu lassen (S. 105, Z. 16 ff.), und schlägt den aufmüpfigen Metzler nieder (S. 106, Z. 15 f.).

→ Götz schlägt sich im Drama auf die Seite der Aufständischen und bricht auf diese Weise sein Wort gegenüber dem Kaiser, d. h. er verstößt gegen eines der obersten Lebensprinzipien eines ehrenhaften Ritters, die „triuwe“. Allerdings findet dieser Treuebruch für ein höheres Ziel statt, sodass er sich doch mit den ritterlichen Tugenden vereinbaren lässt: Götz bricht sein Wort, um Schaden von der Allgemeinheit abzuwenden. Als er merkt, dass er nicht in der Lage ist, die Bauernhaufen unter Kontrolle zu halten, sagt er sich augenblicklich von ihnen los.

Weiterführende Anregung
Im Anschluss an die Bearbeitung der Aufgaben können die Schüler die Gewissensfrage, die sich der Protagonist des Dramas stellen muss, auf ihre eigene Lebenswelt übertragen und diskutieren: Darf man bei zweifelhaften Unternehmungen mitmachen, um Schlimmeres zu verhindern? Rechtfertigen hehre Ziele den Einsatz unrechtmäßiger Methoden? Geben Sie eventuell historische oder aktuelle Beispiele vor, um das Klassengespräch anzuregen: Polizeispitzel beim Drogenhandel oder in verfassungsfeindlichen Parteien, Bundeswehreinsatz in Bürgerkriegen, Engagement in politischen Protestbewegungen, z. B. in der terroristischen Vereinigung RAF oder im Aktivistenbündnis „Letzte Generation“ usw.

■ Zur Kopiervorlage Seite 46: ZWEI GEGNER STERBEN

Dass ein Mensch wie Weislingen in einem Drama nicht in Frieden stirbt, ist zu erwarten. Die eigentliche Frage lautet: „Wie stirbt Götz? Wie bewältigt er seine Krise?“ Weislingens Sterben bildet somit auf dieser Kopiervorlage die Folie für den Tod seines Gegners; zugleich werden die beiden zentralen Frauenfiguren gegenübergestellt: Maria, die Frieden bringt, und Adelheid, die Mörderin. Mit Götzens Begnadigung durch Weislingen wird die Geschichte ihrer Freundschaft und Feindschaft versöhnlich abgeschlossen.

Einen möglichen Einstieg in die Arbeit mit der Kopiervorlage stellt die Frage dar: „Im fünften Akt sterben sowohl Götz als auch Weislingen. Inwieweit besteht ein Zusammenhang zwischen diesen beiden Todesfällen?“ Die erste Aufgabe kann in Einzelarbeit, z. B. als vorbereitende Hausaufgabe, gelöst werden. Die zweite Aufgabe eignet sich für eine Gruppenarbeit mit anschließendem Gespräch im Plenum. Mit der dritten Aufgabe wird die Frage nach einer dramaturgischen Technik des Autors Goethe gestellt. Diese kann gemeinsam in der Klasse diskutiert werden.

Lösung

Aufgabe 1

Wie Weislingen stirbt (V, 10)	Wie Götz stirbt (V, 13 und 14)
„Ich bin so krank, so schwach." (S. 111, Z. 29) (Feststellen der eigenen Schwäche)	„Sie haben mich nach und nach verstümmelt, meine Hand, meine Freiheit, Güter und guten Namen." (S. 116, Z. 29–31) (Feststellen der eigenen Schwäche)
„Matt! Matt! Wie sind meine Nägel so blau. [...] Es dreht mir alles vorm Gesicht. Könnt ich schlafen. Ach –" (S. 112, Z. 9–12) (Todesahnungen werden abgewehrt)	„Wen Gott niederschlägt, der richtet sich selbst nicht auf. [...] Meine Stunde ist kommen. [...] Sein Will geschehe." (S. 117, Z. 3–9) (Einsicht in die Unausweichlichkeit des eigenen Todes)
„Wenn ich reden könnte, dein höchster Hass würde in Mitleid und Jammer zerschmelzen. Oh! Marie! Marie!" (S. 112, Z. 33–35) (Wunsch nach Vergebung vor dem Tod)	„[D]ass ich der lieben Sonne genösse, des heitern Himmels und der reinen Luft." (S. 117, Z. 16 f.; vgl. auch S. 118, Z. 17–20; S. 119, Z. 12 f.) (Bedürfnis, in der freien Natur zu sterben)
„Und so zerreiß ich's [Götzens Todesurteil]. Er lebt. Aber kann ich wieder schaffen was ich zerstört habe!" (S. 113, Z. 13 f.) (Lösen eines bestehenden Konflikts, aber gleichzeitig Erkenntnis der bleibenden Schuld)	„Wie starb er [Georg]? [...] Gott sei Dank. Er war der beste Junge unter der Sonne und tapfer." (S. 118, Z. 34–S. 119, Z. 4) (Erkenntnis, dass Georg ehrenhaft gestorben ist, d. h. Auflösung einer Unklarheit, die Götz gequält hat)
„Geh liebe Seele, überlass mich meinem Elend. Entsetzlich! Auch deine Gegenwart Marie der letzte Trost ist Qual." (S. 114, Z. 8–10) (Weist Trost zurück, will und muss „elend" sterben)	„Löse meine Seele nun." (S. 119, Z. 4) (Signalisiert Bereitschaft zu sterben)
„[B]ete für mich. Mein Herz ist verschlossen." (S. 114, Z. 22 f.) (Kann nicht zuversichtlich in die Zukunft blicken)	„[I]ch bin der Letzte. [...] Du hast dich selbst überlebt, die Edlen überlebt. [...] Schließt eure Herzen sorgfältiger als eure Tore. Es kommen die Zeiten des Betrugs [...]." (S. 118, Z. 28–S. 119, Z. 7) (Ausblick in die Zukunft = Erkenntnis, dass die eigene Zeit abgelaufen ist)
Hier gibt es keine Übereinstimmung, da es niemanden mehr gibt, für den Weislingen sorgen müsste.	„Lerse verlass sie nicht – [...]." (S. 119, Z. 5) (Fürsorge für die Ehefrau)
„Ich sterbe, sterbe und kann nicht ersterben. Und in dem fürchterlichen Streit des Lebens und Tods sind die Qualen der Hölle." (S. 114, Z. 25–27) (Tod als ewige Höllenqual / Letzte Worte)	„Freiheit! Freiheit!" (S. 119, Z. 13) (Tod als Weg in die Freiheit / Letzte Worte)

(Es ist möglich, dass die Schüler andere vertretbare Lösungen finden. Es kommt vor allem darauf an, die Zuordnung nach Aspekten oder Kategorien zu begründen.)

Aufgabe 2

Götz ist am Ende seiner Kämpfe angelangt: „Meine Stunde ist kommen" (S. 117, Z. 8). Er ergibt sich in sein Schicksal und ist mit Gott im Reinen (S. 117, Z. 8 f.). Er kann selbst im Sterben die Schönheit der Welt noch im Kleinsten genießen (Licht, Himmel, Luft). Er kümmert sich um die Seinen und blickt voll Sorge in die Zukunft; seine Lieben sind bei ihm. Er bleibt sich selbst treu, indem er mit dem letzten Wort auf den Wert der Freiheit verweist (vgl. S. 80, Z. 15 ff.). Unter Berücksichtigung der Ergebnisse der Kopiervorlage „Götz in der Krise" (S. 44) ist zu sagen, dass Götz seine Krise überwunden und die Stufe der „Weisheit" erreicht hat: Er stirbt gelöst.

Weislingen sucht zunächst noch Ausreden für seine Mordpläne („bösen Geistern ist Macht über uns gelassen"; S. 112, Z. 7 f.), doch die Begegnung mit der von ihm einst geliebten Marie erschüttert ihn so, dass er seine Schuld erkennt („was ich zerstört habe"; S. 113, Z. 14; „Sünden"; S. 114, Z. 17). Dass seine eigene Frau ihn vergiftet hat, begreift er als Strafe Gottes für seine Untaten. Dass er seine Vergehen bereut, bezeugt auch sein Wunsch, Marie möge für ihn beten (S. 114, Z. 22 f.). Im Gegensatz zu Götz wäre Weislingen im Tod völlig allein, wenn Marie nicht bei ihm bliebe (S. 114, Z. 19). Weislingens Leben kann als gescheitert bezeichnet werden, er stirbt verzweifelt. Allein durch Maries letzte Bitte („Erbarmer erbarme dich seiner."; S. 114, Z. 28) besteht die überirdische Hoffnung auf Versöhnung im Tod.

Aufgabe 3

Götz sieht sich als den letzten in einer Reihe edler Männer, die bereits gestorben sind (S. 118, Z. 28 und Z. 33. f.; S. 119, Z. 11 f.). An Götzens Testament („Schließt eure Herzen [...]"; S. 119, Z. 6–9) knüpft der dramaturgische Schlusssatz Lerses an: „Wehe der Nachkommenschaft die dich verkennt" (S. 119, Z. 18). Wenn diese Nachkommenschaft Götz verkennt, fehlt ihr der „Leuchtturm", um den Zeiten des Betrugs zu entkommen und zu wissen, was ein redliches Leben ist: „tapfer und edel in seiner Freiheit, und gelassen und treu im Unglück" (S. 96, Z. 20 f.). Indem Goethe seinen „Götz" schreibt, trägt er dazu bei, dass dieser Mann von den Nachkommen nicht verkannt wird (vgl. auch KV „Die Entstehung des ‚Götz'", S. 12/13).

SZENENÜBERSICHT

	Szenenangaben Lektüre	Szenenangaben Material	Seitenangaben
1. Akt	Schwarzenberg in Franken. Herberge	I, 1	S. 5–7
	Herberge im Wald	I, 2	S. 7–14
	Jagsthausen. Götzens Burg	I, 3	S. 14–25
	Im bischöflichen Palast zu Bamberg. Der Speisesaal	I, 4	S. 25–31
	Jagsthausen	I, 5	S. 31–37
2. Akt	Bamberg. Ein Saal	II, 1	S. 38–40
	Jagsthausen	II, 2	S. 41
	Bamberg. Zimmer der Adelheid	II, 3	S. 42/43
	Im Spessart	II, 4	S. 43/44
	Bamberg	II, 5	S. 44/45
	Adelheidens Zimmer	II, 6	S. 46–49
	Vorzimmer	II, 7	S. 49
	Im Spessart	II, 8	S. 49–51
	Bamberg	II, 9	S. 51–54
	Herberge. Bauernhochzeit. Musik und Tanz draußen	II, 10	S. 54–56
3. Akt	Augsburg. Ein Garten	III, 1	S. 57–59
	Jagsthausen	III, 2	S. 59/60
	Lager der Reichsexekution	III, 3	S. 60/61
	Jagsthausen	III, 4	S. 61–63
	Bamberg. Adelheidens Zimmer	III, 5	S. 63
	Jagsthausen	III, 6	S. 64–66
	Wald an einem Morast	III, 7	S. 66/67
	Lager	III, 8	S. 67/68
	Jagsthausen	III, 9	S. 68
	Lager	III, 10	S. 69
	Gebürg und Wald	III, 11	S. 69
	Heide. Auf der einen Seite eine Höhe, auf der andern Wald	III, 12	S. 70
	Eine Höhe mit einem Wartturn	III, 13	S. 70–72
	Lager	III, 14	S. 73
	Jagsthausen	III, 15	S. 73/74
	Lager	III, 16	S. 74
	Jagsthausen	III, 17	S. 74–77
	Belagerung. Küche	III, 18	S. 77/78
	Saal	III, 19	S. 78/79
	Saal	III, 20	S. 79–82
	Schlosshof	III, 21	S. 82/83
	Saal	III, 22	S. 83
4. Akt	Wirtshaus zu Heilbronn	IV, 1	S. 84/85
	Rathaus	IV, 2	S. 85–90
	Ein großer Saal auf dem Rathaus	IV, 3	S. 90–92
	Adelheidens Schloss	IV, 4	S. 92–95
	Jagsthausen	IV, 5	S. 95–97
5. Akt	Bauernkrieg. Tumult in einem Dorf und Plünderung	V, 1	S. 98–100
	Feld	V, 2	S. 100–102
	Berg und Tal. Eine Mühle in der Tiefe	V, 3	S. 103
	Jagsthausen	V, 4	S. 103/104
	Bei einem Dorf	V, 5	S. 105/106
	Nacht, im wilden Wald. Zigeunerlager	V, 6	S. 107/108
	Hauptmanns Zelt	V, 7	S. 108/109
	Adelheidens Schlafzimmer	V, 8	S. 109/110
	Heilbronn vorm Turn	V, 9	S. 111
	Weislingens Schloss	V, 10	S. 111–114
	In einem finstern engen Gewölb	V, 11	S. 115/116
	Hof einer Herberge	V, 12	S. 116
	Heilbronn im Turn	V, 13	S. 116/117
	Gärtchen am Turn	V, 14	S. 117–119

INHALT UND AUFBAU DES STÜCKS

	Erster Akt	Zweiter Akt	Dritter Akt	Vierter Akt	Fünfter Akt
Konfliktkurve	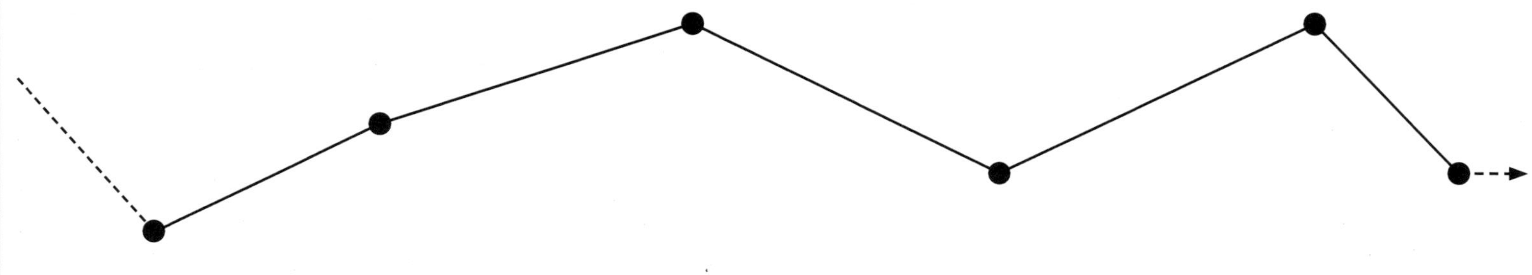				
Bedeutung	Götz von Berlichingen und die Leute des Bischofs werden vorgestellt. **(Exposition)**	Störung des Friedens, neuer Konflikt **(Konflikt / Steigende Handlung)**	Zuspitzung der Lage: militärische Aktion **(Peripetie)**	Beruhigung der Lage **(Retardation)**	Zuspitzung der Lage: Aufstand, Krieg; Gegner gehen zugrunde; Ausblick **(Katastrophe)**
Götz-Handlung	Götz nimmt Weislingen gefangen.	Götz eröffnet Fehde gegen Nürnberg.	Götz gewinnt Sickingen und Lerse als Mitkämpfer (Freunde), siegt gegen die Reichstruppen, wird gefangen genommen.	Götz wird von Sickingen befreit, führt ein friedliches Leben.	Götz wird Anführer der aufständischen Bauern; er gerät in Gefangenschaft, resigniert und stirbt.
Weislingen-Handlung	Weislingen wechselt das Lager, wirbt um Maria; Streit mit Götz wird beigelegt.	Adelheid gewinnt Weislingen für die Sache des Bischofs.	Weislingen gewinnt den Kaiser für eine Aktion gegen Götz.	Adelheid hat es auf den Thronfolger abgesehen, streitet mit Weislingen.	Weislingen will Götz hinrichten lassen, wird aber von Maria umgestimmt; Adelheid betrügt und vergiftet Weislingen.
Politische Fragestellungen	Wie können die Ritter ihre Freiheit bewahren? Was bedeutet das Römische Recht? Kann man den Landfrieden sichern? (I, 3; I, 4)	Bauernhochzeit: Kann man nicht jeden Streit statt durch einen öffentlichen Prozess auf persönlicher Ebene beilegen? (II, 10)	Wie sieht das Ideal eines Lebens in Freiheit aus? (III, 20)	Wie kann Götz sicherstellen, dass sein Leben bei seiner Nachwelt die angemessene Anerkennung findet? (IV, 5)	Götz und die Seinen blicken besorgt in die Zukunft: Wie wird die Welt ohne den aufrechten Kämpfer aussehen? (V, 14)

TEXTKENNTNISTEST ZUM ERSTEN AKT

Name: ____________________

Anhand der folgenden Fragen können Sie überprüfen, ob Sie den ersten Akt des Dramas „Götz von Berlichingen" genau gelesen haben. Schreiben Sie die Antworten auf die Linien.

1. Warum liegt Götz mit dem Bischof von Bamberg im Streit? ____________________

2. Zu welchem Zweck liegt Götz im Wald auf der Lauer? ____________________

3. Worüber beklagt sich Bruder Martin im Gespräch mit Götz? ____________________

4. Was wirft Götz Weislingen politisch vor? ____________________

5. Wie verteidigt sich Weislingen gegen diesen Vorwurf? ____________________

6. Worüber spricht man in Bamberg bei Tisch, bevor der Bischof einen Themenwechsel fordert? ____________________

7. Wie schätzt Liebetraut den Juristen Olearius ein? ____________________

8. Mit wem verlobt sich Weislingen? ____________________

9. Wie beurteilt Elisabeth diese Verlobung? ____________________

10. Welche Nachricht soll Franz seinem Herrn vom Bamberger Bischof überbringen? ____________________

11. Warum möchte Franz unbedingt an den Bamberger Hof zurückkehren? ____________________

12. Wie reagiert Weislingen auf das Ansinnen seines Knappen? ____________________

/12 Punkten Note:

LIEBETRAUT – EIN HOFNARR?

1. Arbeiten Sie aus dem Text heraus, welche Funktion der Narr am herrschaftlichen Hof erfüllte.

i

Hofnarr. Zum Hofstaat ma. [mittelalterlicher] Herren gehörte seit dem 12. Jh. häufig der Hofnarr, ein geistreicher Spaßmacher von oft auffälligem Aussehen (etwa kleinwüchsig, bucklig, langnasig, schiefmäulig). Er konnte seinem Herrn als Ratgeber und Vertrauter nahestehen und zu beträchtlichem Einfluss kommen. Äußerlich war er durch eine auffällige Tracht (Fellkleid und Kapuze, im SMA. [Spätmittelalter] Wams und Beinkleider in Mi-Parti [vertikale, meist farbliche Zweiteilung], Narrenkappe mit Schellen, Eselsohren oder Hahnenkamm) und ein Narrenzepter mit Puppenkopf kenntlich gemacht. Die Narrenfreiheit bestand darin, ungestraft Spott treiben, Unbequemes und Verpöntes aussprechen zu dürfen. Der dem Halten von Hofnarren zugrunde liegende Sinn dürfte gewesen sein, dass die Gegenwart des Defekten den Herrscher stets an die eigene Unvollkommenheit und Hinfälligkeit erinnern sollte. Häufig war dem Narren antithetisch der Herrscher oder – als Verkörperung der Weisheit – dessen Kanzler gegenübergestellt (z. B. in der Skulptur des Niklaus Türing am Goldenen Dachl in Innsbruck, um 1500; hier sind Narr – *consiliarius insipiens* – und Kanzler – *consiliarius sapiens* – einander in Symmetrie zugeordnet).

Ursprungsland der ma. Hofnarrenidee dürfte Frankreich gewesen sein, wo sie schon im 10. / 11. Jh. aufgekommen sein soll. Von dort aus griff das Phänomen „Hofnarr" allenthalben um sich und gewann bis zur Mitte des 16. Jh. ständig an Bedeutung. In kaum einer Verbildlichung der Zeit, sei es von antiken, biblischen oder aktuellen Szenen, fehlte die Figur des Narren.

„Hofnarr", in: PETER C. A. SCHELS: Kleine Enzyklopädie des deutschen Mittelalters. URL: https://www.mittelalter-lexikon.de/wiki/Hofnarr, veröffentlicht / genutzt unter der Lizenz: Creative Commons BY-SA 3.0 [Stand: 15.05.2023]

2. Olearius betrachtet Liebetraut in I, 4 als „Hofnarren" (S. 29, Z. 4 f.). Überprüfen Sie, ob diese Behauptung zutrifft.

a) Beschreiben Sie die kritische Bedeutung von mindestens sechs Äußerungen Liebetrauts in I, 4.

b) Vergleichen Sie Liebetrauts Auftreten in I, 4 mit den in der Bildunterschrift beschriebenen Funktionen des Claus Narr (*veritas* = Wahrheit; *prudentia* = Klugheit; *donum dei* = Gabe Gottes; *simplicitas* = Einfachheit, Einfalt).

Bildnis des kursächsischen weltberühmten kurzweiligen Hofnarren CLAUS NARR (etwa 1455–1530)

Bildunterschrift

Das Narr: Obwohl er in der Einfalt tat leben,
Jedoch hat er von Gott große Gaben darneben
Klugheit, Wahrheit, gab auch bei Hof viel nützlich Rat,
Oft durch kurzweilig Schwänke solche fürbringen [= vortragen] tat.

3. Erklären Sie, welche dramaturgische Funktion der Figur Liebetraut in Goethes Konzeption des Stücks zukommt.

ALTES ODER NEUES RECHT?

1. Überlegen Sie, welche Vorteile und Nachteile das Fehderecht in Zeiten schwacher staatlicher Gewalten hat.

i

Das Fehderecht im Mittelalter

Das Fehderecht war eine erlaubte Selbsthilfe in allen Fällen, in denen der Staat dem Geschädigten nicht zu seinem Recht verhelfen konnte. Das Fehderecht uferte aus und wurde auch vielfältig von Adeligen („Raubrittern“) missbraucht, um für den eigenen Lebensunterhalt zu sorgen („sich auf Räuberei legen“, „vom Stegreif leben“). Um diesem Treiben Einhalt zu gebieten, bemühten sich Könige und Kirche seit dem 10. Jahrhundert um eine Regelung des Fehderechts. So sollte es z. B. durch räumlich und zeitlich begrenzte Landfrieden und den Gottesfrieden (Fehde war nur von Montagmorgen bis Mittwochabend erlaubt) eingeschränkt werden. Auch bestimmte Personengruppen waren bei der Ausübung der Fehde zu schonen: Geistliche, Kranke, Pilger, Fuhrleute (Kaufleute), Bauern und Winzer durften nicht angegriffen werden. Die Einschränkungen des Fehderechts wurden 1235 im Mainzer Landfrieden zum ersten Mal für das gesamte Reich verbindlich und unbefristet festgehalten: „Was auch jemandem widerfahre – dass er das nicht räche! Er klag es seinem Richter, es sei denn, dass er sich zur Not muss wehren seines Leibes und seines Gutes. Wer seine Klage aber anbringt: wird ihm nicht gerichtet, und muss er durch Not seinen Feinden widersagen, – das soll er tun bei Tage, und von dem Tage an bis an den vierten Tag soll er ihm keinen Schaden tun, weder an Leib, noch an Gut; so hat er drei Tage Frieden.“ Wer also zur Fehde schreiten wollte, musste erst vor Gericht gehen. Nur wenn ihm dort kein Recht widerfuhr, stand der Weg zur Fehde offen. Allerdings war diese zuvor dem Gegner im sogenannten „Fehdebrief“ förmlich mitzuteilen. Wer Fehde erhob, ohne das Gericht angerufen zu haben, oder sonst gegen das Fehderecht verstieß, büßte den Landfriedensbruch gewöhnlich mit dem Tod. 1495 wurde das Fehderecht unter Kaiser Maximilian I. im Ewigen Landfrieden aufgehoben.

2. Götzens Streit mit dem Bischof und Weislingen muss man vor dem Hintergrund der Reichsreform von 1495 (Ewiger Landfrieden) sehen.
a) Beschreiben Sie kurz, worum es in diesem Streit geht. Berücksichtigen Sie dabei folgende Textstellen: S. 5, Z. 21 ff.; S. 6, Z. 1 ff.; S. 7, Z. 25 ff.; S. 17, Z. 14 ff.; S. 24, Z. 20 ff.; S. 35, Z. 24 ff.
b) Wer ist Ihrer Ansicht nach im Recht? Begründen Sie Ihre Meinung.

i

Der Ewige Landfrieden des Reichstags zu Worms (1495)

Mit dem am 7. August 1495 unter dem späteren Kaiser Maximilian I. erlassenen Ewigen Landfrieden wurde das Recht auf Fehde abgeschafft: „§ 1 Von der Zeit dieser Verkündung an darf niemand, von welchen Würden, welchem Stand oder Wesen er auch sei, selbst oder durch jemand anderes in seinem Auftrag, weder einen anderen befehden, bekriegen, berauben, belagern, noch Schlösser, Städte, Märkte, Befestigungen, Dörfer, Höfe oder Weiler erobern oder ohne des anderen Willen mit Gewalt einnehmen oder in böser Absicht durch Feuer oder in anderer Weise beschädigen; […] sondern wer zu dem anderen zu sprechen vermeint, der soll ein solches Gespräch suchen und letztlich die Gerichte anrufen, da die Sachen vorher und jetzt nach der Ordnung des Kammergerichts ausgetragen werden und ordentlich dort hingehören.“

Zur Sicherung des Landfriedens wurde das Reichskammergericht eingesetzt, dessen besoldete Mitglieder teils vom Kaiser, teils von den Reichsständen zur Hälfte aus dem Adel, zur Hälfte aus Juristen ernannt werden sollten. Eine Truppe sollte die Urteile des Reichskammergerichts vollstrecken; zu ihrer Finanzierung wurde erstmals eine Reichssteuer eingeführt. Jedes Jahr sollte der Reichstag zusammentreten, um über den Landfrieden, die Vollziehung der kammergerichtlichen Urteile und des Volkes Wohl zu wachen.

3. Stellen Sie in einem Schaubild die beiden Positionen in der Auseinandersetzung zwischen Götz und Weislingen einander gegenüber (S. 23, Z. 1 – S. 25, Z. 8).

4. Skizzieren Sie die Entwicklung der Beziehung zwischen Götz und Weislingen von der gemeinsamen Kindheit bis zur Versöhnung in Jagsthausen (S. 21, Z. 23 – S. 35, Z. 2).

EIN BILD VON EINEM MANN – GÖTZ IM ERSTEN AKT

1. Im ersten Akt gibt es viele Hinweise darauf, wie Götz von seinen Mitmenschen gesehen wird. Notieren Sie stichwortartig, welche Eigenschaften und Verhaltensweisen den Äußerungen entnommen werden können.

a) „Und der getreuherzige Berlichingen gab unerhört nach, wie er immer tut, wenn er im Vorteil ist." (Sievers, S. 5, Z. 28 f.)

b) „Da werfen sie ihm einen Buben nieder, da er sich nichts weniger versieht. Wird sie aber schon wieder dafür lausen." (Sievers, S. 5, Z. 31 ff.)

c) „Es ist eine Wollust, einen großen Mann zu sehn." (Bruder Martin, S. 14, Z. 2 f.)

d) „Die rechtschaffensten Ritter begehen mehr Ungerechtigkeit als Gerechtigkeit auf ihren Zügen." (Maria indirekt über Götz, S. 16, Z. 28 f.)

e) „Und er – der alte treuherzige Götz!" (Weislingen, S. 21, Z. 10 f.)

f) „Du siehst die Fürsten an, wie der Wolf den Hirten." (Weislingen, S. 23, Z. 12 f.)

g) „Franken, Schwaben, der Oberrhein und die angrenzende[n] Länder, werden von übermütigen und kühnen Rittern [Sickingen, Selbitz, Berlichingen] verheeret." (der Bischof, S. 29, Z. 24 ff.)

h) „Götz teurer Götz hast mich mir selbst wiedergegeben [...]" (Weislingen, S. 34, Z. 29 f.)

2. Fassen Sie zusammen, als was für ein Mensch sich Götz im ersten Akt im Umgang mit anderen erweist.

a) Mit dem Untergebenen Georg (S. 7, Z. 31 ff. – S. 9, Z. 21): ____________________

____

b) Mit dem Fremden, Bruder Martin (S. 9, Z. 25 – S. 12, Z. 29): ____________________

____

c) Mit Carl, seinem Sohn (S. 19, Z. 32 – S. 20, Z. 35): ____________________

____

d) Mit Weislingen (S. 18, Z. 20 – S. 19, Z. 29; S. 21, Z. 23 – S. 25, Z. 12): ____________________

____

e) Mit Weislingen und Maria (S. 32, Z. 20 – S. 34, Z. 24): ____________________

____

3. Fassen Sie Ihre Ergebnisse aus den ersten beiden Aufgaben zu einem Gesamtbild des Ritters Götz von Berlichingen im ersten Akt zusammen.

WEISLINGEN – EIN „FÜRST"?

1. Skizzieren Sie, welches Menschenbild Machiavelli, ein Zeitgenosse Götzens, vom idealen Fürsten entwirft.

NICCOLÒ MACHIAVELLI, Gemälde von Santi di Tito (1550–1600)

i

Niccolò Machiavelli (1469–1527) war ein Politiker, Geschichtsschreiber, Dichter und Philosoph, der in der Republik Florenz lebte. Sein berühmtestes Werk ist die staatsphilosophische Schrift „Il Principe" („Der Fürst"), in der er beschreibt, wie ein Herrscher politische Macht gewinnen und bewahren kann.

Niccolò Machiavelli, Der Fürst (1513)

18. Kapitel: Auf welche Weise die Fürsten Treu' und Glauben halten müssen.

Wie löblich die Bewahrung der Treue, ein lauterer Wandel und ohne List, an einem Fürsten sei, sieht Jeder. Nichtsdestoweniger lehrt die Erfahrung in unsern Zeiten, dass eben *die* Fürsten Großes vollbracht, die auf die Treue wenig gegeben, und die Gehirne der Menschen mit List zu betören gewusst, und dass sie zuletzt *Die* überwältigt, deren Richtschnur die Ehrlichkeit war. Ihr müsst daher wissen, dass es *zwei* Arten des Kampfes gibt, die eine durch die Gesetze, die andre durch die Gewalt. Jene erste Art ist den Menschen eigen, die andre den Tieren. Weil aber die erste öfters nicht ausreicht, muss man die Zuflucht zur zweiten nehmen; daher ein Fürst der Wissenschaft bedarf, das Tier, wie den Menschen, beides wohl anzuwenden. Dieser Punkt ist den Fürsten verblümt von den alten Autoren gelehrt, die schreiben, wie Achilles und viele Andre jener alten Fürsten de[m] Centauren Chiron zur Pflege gegeben worden, damit er sie unter seiner Zucht bewachte: welches Erzieheramt eines halb Tier- halb Menschenwesens nichts anderes besagen will, als dass ein Fürst die eine wie die andere Natur zu brauchen wissen muss, und die eine ohne die andre nicht Halt hat. Da also ein Fürst genötigt ist, sich auf den Gebrauch des *Tieres* wohl zu verstehen, so soll er von diesen den *Fuchs* und den *Löwen* nehmen, weil der Löwe nicht vor den Schlingen sich hüten kann, der Fuchs sich nicht vor den Wölfen sichert. Er muss daher Fuchs sein, um die Schlingen zu erkennen, und Löwe sein, um die Wölfe zu schrecken. Die, welche sich nur auf den Löwen legen, verstehen es nicht. Es kann deshalb ein kluger Herr die Treue nicht halten, noch darf er es, wenn ihm dies Halten zum Schaden ausschlüg, und die Gründe, aus denen er sie versprach, erloschen sind. Und, wären die Menschen alle gut, so würde diese Vorschrift nicht gut sein: weil sie aber schlimm sind, und ihre Treue dir nicht halten würden, so hast Du sie ihnen auch nicht zu halten. Und niemals werden einem Fürsten gesetzliche Gründe zu[r] Beschönigung des Nichthaltens fehlen. [...] Notwendig aber ist, dass man diese Natur wohl zu beschönigen wisse, und in der Kunst sich zu stellen, wie zu verstellen, groß sei. Auch sind die Menschen so einfältig, gehorchen so sehr den Nötigungen des Augenblick[s], dass der Betrügende immer Einen, der sich betrügen lässt, finden wird. [...]

NICCOLÒ MACHIAVELLI: Der Fürst. Stuttgart und Tübingen 1842, S. 70–72.

2. Adelheid lockt Weislingen mit der Aussicht, er könnte der „Herr von Fürsten sein" (S. 48, Z. 1). Prüfen Sie, ob sein Auftreten im ersten und zweiten Akt dem von Machiavelli propagierten Fürstenbild entspricht.

3. Zeigen Sie, dass Weislingen seinen Freunden (Bischof, Götz) jeweils in Grenzen treu ist.

4. Beurteilen Sie Weislingen: Ist er eher ein Schwächling oder eher ein Schurke?

ADELHEID – EINE „ZAUBERIN"?

1. Adelheid tritt zu Beginn des zweiten Akts als eine Dame auf (II, 1 und II, 3). Begründen Sie anhand des kurzen Informationstextes, dass dieses Urteil berechtigt ist.

i

Dame f. „Frau von Bildung und gepflegtem Äußeren", heute allgemein höfliche Bezeichnung für eine weibliche Person. Aus lat. *domina* (synkopiert *domna*, 1. Jh.) „Herrin, Gebieterin, Hausfrau" hervorgegangenes gleichbed. afrz. *dame* findet sich gelegentlich in mhd. Texten als Teil fremdsprachiger Floskeln; Ende des 16. Jhs. wird frz. *dame* ins Dt. entlehnt, ist in der Bedeutung „geliebte Frau, Herrin" zunächst Modewort der höfisch-galanten Dichtung (wie *Kavalier* und *Galan*) und seit Mitte des 17. Jhs. die übliche Benennung für Frauen des Adels; auf bürgerliche Frauen wird es erst gegen Ende des 18. Jhs. angewendet. Daneben tritt im 17. Jh. die (wohl durch Euphemismus entstandene) Bedeutung „Geliebte, Mätresse, Dirne" auf (so auch das Deminutivum *Dämchen*), die in der 2. Hälfte des 19. Jhs. erneut gebräuchlich wird. […]

„Dame", in: WOLFGANG PFEIFER u. a.: Etymologisches Wörterbuch des Deutschen (1993), digitalisierte und von Wolfgang Pfeifer überarbeitete Version im Digitalen Wörterbuch der deutschen Sprache. URL: *https://www.dwds.de/wb/etymwb/Dame* [Stand: 15.05.2023]

2. Analysieren Sie die Szene II, 9.

a) Fassen Sie für die vorgegebenen Gesprächsabschnitte Adelheids Strategien, um Weislingen vollends auf ihre Seite zu ziehen, und Weislingens Reaktionen in jeweils einem Satz zusammen.

b) Stellen Sie das Verhältnis der beiden in den vier Gesprächsabschnitten in Standbildern dar.

1. Abschnitt: S. 51, Z. 18 – S. 53, Z. 4

Adelheid verletzt Weislingen bewusst, indem sie ihm vorhält, er würde sich nicht wie ein Mann verhalten.

Weislingen ______________________________.

2. Abschnitt: S. 53, Z. 5 – 32

Adelheid ______________________________.

Weislingen ______________________________.

3. Abschnitt: S. 53, Z. 33 – S. 54, Z. 13

Adelheid ______________________________.

Weislingen ______________________________.

4. Abschnitt: S. 54, Z. 14 – 19

Adelheid ______________________________.

Weislingen ______________________________.

i

Das Standbildverfahren

Ein Standbild zeigt – wie ein Foto – einen unbewegten Ausschnitt aus einer Szene. Um das Bild aussagekräftig zu machen, sind Details, wie z. B. die Position der Personen zueinander, Mimik und Gestik, sehr wichtig. Ein „Bildhauer" in Ihrer Gruppe modelliert die Personen zunächst nach seinen Vorstellungen. Anschließend dürfen die anderen Gruppenteilnehmer sein Ergebnis kommentieren und korrigieren, bis ein Konsens erreicht ist. Das Bild wird später vor der gesamten Lerngruppe gezeigt.

3. Überprüfen Sie anhand des gesamten zweiten Akts, ob Adelheid eher ein Werkzeug des Bischofs ist oder in der Intrige selbst die Fäden zieht.

BURG UND SCHLOSS

Götz von Berlichingen und der Bischof von Bamberg leben in verschiedenen Welten.

1. Informieren Sie sich über das Rittertum und das Leben auf einer Burg.

2. Informieren Sie sich über den Niedergang des Rittertums und die Krise im Spätmittelalter.

i

Beginnen Sie auf *www.lernhelfer.de*. Wählen Sie „Geschichte“ und geben Sie in die Suchmaske „Rittertum im Mittelalter“ ein. Folgende Artikel können Sie verwenden:
zu 1. „Das Rittertum im Mittelalter“
zu 2. „Das Rittertum im Mittelalter“ und „Franz von Sickingen“. Außerdem gibt es einen Überblick über das „Spätmittelalter in Europa“ (unter „Geschichte“, „5 Mittelalter“, „5.6 Spätmittelalter und der Aufschwung der Städte“). Weitere Informationen finden Sie, wenn Sie im Internet nach „Rittertum (im Mittelalter)“, „Lehnswesen“, „Grundherrschaft“, „Ritterburg“, „Burg im Mittelalter“, „Aufbau einer Burg im Mittelalter“ suchen.

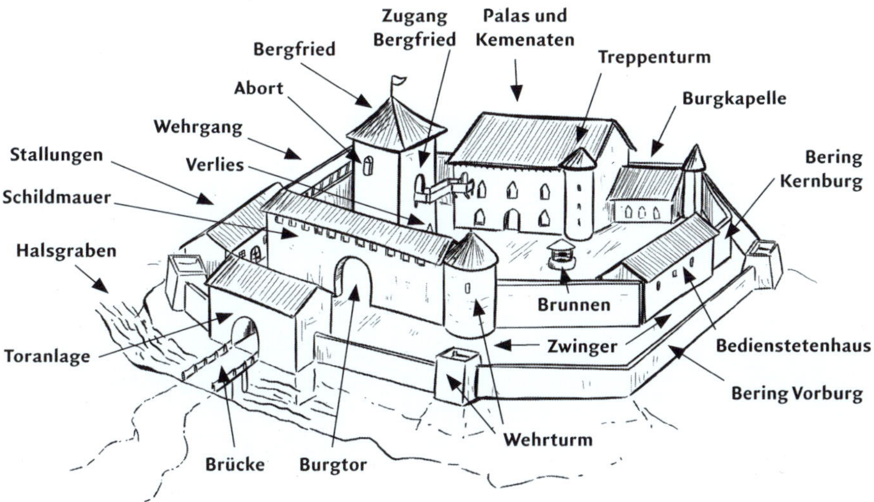

3. Im Drama gibt es bis II, 9 eine Reihe kleiner Hinweise, wie sich das Leben Götzens auf der Burg und auf seinen Ritterzügen vom Leben am Hof in Bamberg unterscheidet. Tragen Sie die Hinweise zusammen.

Lebensführung | politischer Status | Werte

Leben auf der Burg	Leben am Bamberger Hof

4. Erklären Sie auf der Grundlage Ihrer bisherigen Ergebnisse, wie Götz wohl zu seiner Auffassung kommt, „das unglückliche Hofleben“ (S. 22, Z. 28) habe Weislingen korrumpiert.

STREITEN ODER HEIRATEN – ANALYSE DER SZENE II, 10

1. Betrachten Sie die beiden Bilder unten. Halten Sie in einer Reihe von Gegensätzen fest, wodurch sich die dargestellten Situationen unterscheiden.

miteinander – gegeneinander, Gemeinschaft – Parteien, ______________________________

____

2. Zeigen Sie kurz, inwiefern sich in den beiden Bildern die Themen der Szene II, 10 bis S. 56, Z. 6 widerspiegeln.

PIETER BRUEGEL D. ÄLTERE: Die Bauernhochzeit (um 1568)

Vor Gericht gestellt

3. Die Juristenschelte in II, 10 knüpft an die Szene I, 4 an. Dort erklärt der Bischof, wieso das Römische Recht ein Instrument im Kampf gegen die Raubritter ist (S. 29, Z. 18 – 29).
a) Halten Sie in Stichworten fest, wie dort das Römische Recht und die Juristen bewertet werden.
b) Durch das Einfügen der Szene II, 10 bezieht Goethe indirekt Position: Welche Aussage trifft er bezüglich des Streits um das Römische Recht, welche hinsichtlich des Streits zwischen Götz und dem Bischof?

4. Götz gibt seine Schwester später seinem Freund und Bündnispartner Sickingen zur Frau (III, 15); bereits Marias Verlobung mit Weislingen (I, 5) sollte das neue Bündnis besiegeln. Erörtern Sie, was für und gegen eine solche Heiratspraxis spricht.

i

Heirat im Dienst der Politik
Im Mittelalter war die Ehe vor allem in einflussreichen Adelsgeschlechtern und Herrscherfamilien ein Mittel der Machterhaltung und -erweiterung. Geheiratet wurden häufig bewusst Partner aus anderen Stämmen oder Familien, häufig auch zur Versöhnung verfeindeter Ländereien bzw. zur Vermeidung von Krieg.

Diese Praxis findet man auch heute noch in manchen Stammesgesellschaften (Exogamie), während andere am Prinzip der Endogamie festhalten: Man darf bloß Partner aus der eigenen sozialen Gruppe heiraten. Auch in europäischen Herrscherhäusern hat sich nur langsam die Liebesheirat mit Bürgerlichen durchgesetzt. So sorgte die Hochzeit Carl Gustafs von Schweden mit der Dolmetscherin Silvia Sommerlath 1976 noch für großes Aufsehen.

DIE SACHE KOMMT VOR DEN REICHSTAG

1. Lesen Sie den kurzen Text über die Institution des Reichstags.

Augsburger Reichstag: Kanzler Dr. Christian Beyer verliest vor Karl V. die „Confessio Augustana" von PHILLIPP MELANCHTON (Holzschnitt, 16. Jahrhundert)

i

Der **Reichstag** war die Versammlung der drei Reichsstände: der Kurfürsten, der Reichsfürsten und der Reichsstädte. Er wurde unregelmäßig vom Kaiser in eine Bischofs- oder Reichsstadt einberufen. Damit ein Reichsgesetz zustande kam, mussten die drei Stände und der Kaiser ihm zustimmen.

Auf dem Reichstag zu Worms wurden 1495 der Landfriede beschlossen, das Reichskammergericht eingerichtet und der Gemeine Pfennig als Steuer eingeführt. Über eine neue Machtverteilung zwischen Kaiser und Ständen ließ sich keine Einigung erzielen.

1518 wurde Luther in Augsburg verhört; der Kaiser bekam keine Zustimmung zu einem Krieg gegen die Türken. Dieser Reichstag ist wohl der von Weislingen erwähnte (S. 53, Z. 28), bei dem dieser auch den Kaiser trifft (III, 1). 1518 wurde gegen den historischen Götz von Berlichingen die Reichsacht wegen erpresserischen Menschenraubs verhängt (S. 68, Z. 17 f.). Maximilian I. starb 1519.

Der Reichstag 1525 befasste sich in Augsburg mit den Spannungen nach dem Bauernkrieg und mit den religiösen Streitigkeiten. 1530 trugen die lutherischen Reichsstände dem Kaiser die sogenannte „Confessio Augustana" (Augsburger Bekenntnis) vor.

2. Verschaffen Sie sich einen Überblick über Götzens Kampf gegen den Bischof bzw. das Reich, indem Sie eine Liste seiner Erfolge und Misserfolge im ersten bis dritten Akt anlegen.

Götzens Erfolge	Götzens Misserfolge

3. Halten Sie wörtlich die Stelle fest, an der Götz zum ersten Mal eindeutig von seinem drohenden Untergang spricht.

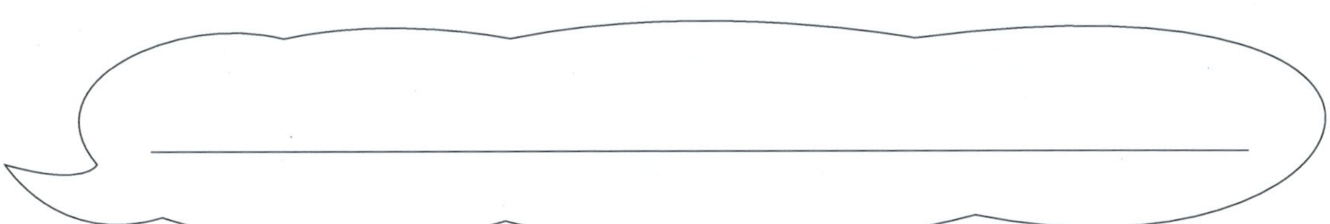

UTOPIE IN DER BEDRÄNGNIS

1. Das Gemälde zeigt das biblische Abendmahl, d. h. die letzte Mahlzeit, die Jesus vor seiner Kreuzigung gemeinsam mit den zwölf Aposteln einnahm. Prüfen und erörtern Sie, ob man das in der Szene III, 20 beschriebene Essen als „weltliches Abendmahl" bezeichnen könnte.

Leonardo da Vinci: Das letzte Abendmahl (1494–1497)

2. Analysieren Sie die Szene III, 20. Beachten Sie, wie in dieser Szene der Blick in die Zukunft an der Gegenwart festgemacht wird.
a) Fassen Sie die Gesprächsinhalte der einzelnen Abschnitte zusammen.
b) Ordnen Sie den gegenwärtigen Ereignissen deren zukünftige Bedeutung zu.
c) Benennen Sie das Ergebnis des Gesprächs.

Textstelle	Gesprächsinhalte	Bedeutung für die Zukunft
S. 79, Z. 23–S. 80, Z. 3	Teilen der letzten Flasche Wein mit seinen Leuten	Das selbstlose Teilen ist ein Beispiel für die Gesellschaft ohne Schranken, die sich Götz für die Zukunft erhofft.
S. 80, Z. 10–13		
S. 80, Z. 23–S. 81, Z. 7		
S. 81, Z. 8–15		
S. 81, Z. 29–33		
S. 82, Z. 1–7		

3. Georgs bevorzugte Parole vor dem Untergang lautet: „Es lebe die Freiheit!" (S. 80, Z. 15) Welche Worte würden Sie in einer solchen Gefahrensituation verwenden? Begründen Sie Ihren Vorschlag.

KAMPF UM DAS EIGENE RECHT

Bärbel Bohley (1945–2010) wurde von der Stasi beobachtet. Nach dem Ende der DDR konnte sie ihre Akte einsehen.

1. Arbeiten Sie heraus, woran Sie erkennen, dass nach 1989/90 ein anderes Recht als vorher in der DDR galt.

Bärbel Bohley, Leben in der DDR – ein Rückblick (1992)

Bereits im Mai 1990 habe ich zum erstenmal Akteneinsicht beantragt. Ich wollte damals so schnell wie möglich für mich das Kapitel „Staatssicherheit" abschließen und deshalb einige Fragen, die mich beschäftigten, mit Hilfe der Akten klären. Fast zwei Jahre danach, am Morgen des 2. Januar 1992, habe ich mit einigen anderen in der Berliner Behrenstraße in die Akten sehen können. [...]

An diesem grauen Januarmorgen bekam ich meine erste Lektion zum Thema: Wie macht man sich einen Staatsfeind? Als die Staatssicherheit 1982 beschlossen hat, über mich einen „Operativen Vorgang" [eine Akte] anzulegen, hatte sie bereits entschieden, daß ich schuldig sei. Die fünfundzwanzig Aktenordner sind nicht angelegt worden, um meine Schuld oder Unschuld festzustellen, sondern sie enthalten Beobachtungen und Beurteilungen, die von vornherein davon ausgehen, daß ich ein Staatsfeind der DDR sei. Über Jahre sind für diese Feststellungen Beweise gesucht worden, und wenn es keine gab, hat sich die Stasi in langen Maßnahmeplänen Gedanken gemacht, wie sie zu schaffen sind.

Die Berichte der „Inoffiziellen Mitarbeiter" sind lang und ausführlich. [...] Zwischen den Zeilen schimmert die Vertrautheit von Verschworenen. Der Spitzel und sein Führungsoffizier, zwei Komplizen waren sie fast immer, denn widerwillig hat auf Dauer niemand berichtet, der sich zu diesen konspirativen [geheimen, verschwörerischen] Treffen bereit erklärt hat. Sicher hat es auch die Erpressten gegeben. In meiner Akte aber hat mich die Freiwilligkeit der Zusammenarbeit überrascht. Der hauptamtliche Mitarbeiter war der Vertreter der Macht, und der inoffizielle [Spitzel, Privatperson] wollte an der Macht partizipieren. Indem er zur Informationsfülle des MfS beitrug, stärkte er dessen Macht. Wissen ist Macht, das hatten wir in der Schule gelernt. Im Ministerium für Staatssicherheit wurde diese Losung konspirativ in die Tat umgesetzt. Der Führungsoffizier wußte oft als einziger von den Kontakten des „Geführten" zur Staatssicherheit. Auch das bedeutete Macht über den anderen. Dieses Zwielichtige in der Beziehung zwischen zwei Menschen, dokumentiert in hellblauen Aktenordnern, erzeugt einen tiefen Ekel. Hier fand eine Verschwörung der engen Köpfe gegen das Leben statt. Auf Dauer konnte das nicht gutgehen, denn das Lebendige erstickt unter Mißtrauen, Macht, Lügen, Feindbildern. Es braucht vor allem vertrauensvolle Beziehungen, Mut und einen klaren Kopf, den Dingen auf den Grund zu sehen und sich ihnen zu stellen.

[...] Die Staatssicherheit zeigte sich für die gute Zusammenarbeit zwischen offiziellen und inoffiziellen Mitarbeitern erkenntlich. Buchpreise für die Intellektuellen, kurze Urlaubsreisen für die Reiselustigen, geringe Geldbeträge für die Habgierigen, einen Schlag auf die Schulter für die Zweifelnden, ein Glas Champagner für die Karrieresüchtigen und ein vertrauliches Gespräch mit Handschlag unter „Gleichen" für die Machtgierigen. Die Staatssicherheit war der große, volkseigene Zauberer und machte aus Unrecht Recht, aus Verrat Liebe, aus Untreue Treue, aus Kriecherei Mitarbeit, aus Angst Mut, aus Lüge Wahrheit, aus Betrug Verantwortung, aus Egoismus Nächstenliebe.

Bärbel Bohley: „Die Macht wird entzaubert". In: Aktenkundig. Hg. von Hans Joachim Schädlich. Berlin 1992, S. 38 ff., hier S. 41–43.

2. Auch in der Szene IV, 2 treffen unterschiedliche Rechtsvorstellungen aufeinander.

a) Stellen Sie dar, wie die Räte und wie Götz selbst das Vorgehen bei seiner Gefangennahme beurteilen.

b) Ehe Götz sich den Text der zu schwörenden Urfehde anhört, will er wissen, was aus seinen Leuten geworden ist (S. 87, Z. 1 f.). Beurteilen Sie diese Forderung aus der Sicht Götzens und aus der Sicht der Räte.

c) Götz soll bekennen, dass er sich gegen Kaiser und Reich aufgelehnt hat (S. 87, Z. 15 ff.). Götz hält dagegen, er sei „in einer ehrlichen Fehd begriffen" (S. 88, Z. 9 f.). Erklären Sie, nach welchem Recht man die beiden Sichtweisen vertreten kann.

3. Arbeiten Sie Gemeinsamkeiten und Unterschiede der beiden Fälle heraus.

GÖTZ IN DER KRISE

1. Definieren Sie den Begriff „Krise“ anhand der Grafik und stellen Sie den Zusammenhang zu Götzens Situation im vierten Akt her.

2. Arbeiten Sie aus dem vierten Akt bis S. 96, Z. 27 Umstände heraus, die Götz in seiner Situation stärken bzw. schwächen. Stellen Sie die Ergebnisse in einer Tabelle stichwortartig gegenüber.

3. Erklären Sie, wie Götz und seine Freunde die Krise deuten.

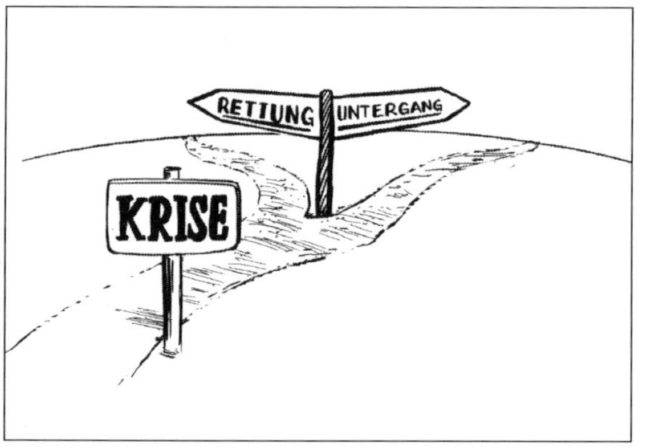

a) Georg: „Aus Stiefeln machen sich leicht Pantoffeln.“ (S. 96, Z. 30 f.)

b) Lerse: „Die Jagd ist doch immer was, und eine Art von Krieg.“ (S. 96, Z. 32)

c) Götz: „[W]ir sind aus unserm Kreise geruckt.“ (S. 97, Z. 3 f.)

d) Götz: „Unsere Bahn geht zu Ende.“ (S. 97, Z. 9)

4. Deuten Sie Götzens Krise mithilfe der beiden psychologischen Modelle, die in den Kästen vorgestellt werden.
a) Begründen Sie, ob es sich um eine traumatische Krise oder eine Veränderungskrise handelt.
b) Erklären Sie, auf welcher Lebensstufe sich Götz befindet und welche Entscheidung er trifft.

i

Typen von Krisen

Im Wesentlichen kann man zwei Arten von Krisen unterscheiden:
(1) die traumatische Krise: plötzliche, oft unvorhersehbare Schicksalsschläge wie Tod, Krankheit, Invalidität, Beziehungsbedrohung wie Untreue oder Trennung, äußere Katastrophen
(2) die Veränderungskrise: ausgelöst durch Veränderungen der Lebensumstände, die an sich auch als positiv erlebt werden können, wie Pubertät, Heirat, Schwangerschaft und Geburt, Pensionierung etc.

Institut für Psychosomatik und Verhaltenstherapie, Graz.

i

Lebensphasen nach Erikson

Erik H. Erikson (1902 – 1994) hat ein Modell von Lebensphasen bzw. Stufen entwickelt, die jeder Mensch durchläuft, die man jedoch nur in Form einer Krise bewältigt.
Stufe 7 (= „Generativität vs. Stagnation“; mittleres Erwachsenenalter): Generativität (Fruchtbarkeit) bedeutet, die Liebe in die Zukunft zu tragen, sich um zukünftige Generationen zu kümmern, eigene Kinder großzuziehen. Dazu gehört auch, alles zu schaffen und weiterzugeben, was für zukünftige Generationen wichtig sein könnte. Stagnation ist das Gegenteil: sich um sich selbst kümmern und sonst um niemanden. Wird die Phase erfolgreich bewältigt, dann sorgt man für andere, ohne sich selbst dabei zu vergessen.
Stufe 8 (= „Weisheit vs. Verzweiflung“; hohes Erwachsenenalter): Der letzte Lebensabschnitt stellt einen vor die Aufgabe, dass man auf sein Leben zurückblickt; dass man annimmt, was man getan hat und geworden ist; dass man den Tod als sein Ende nicht fürchtet. Wird diese Aufgabe erfolgreich gemeistert, erlangt der Mensch „Weisheit“ – andernfalls endet er in der Verzweiflung.

BAUERNKRIEG

1. Erarbeiten Sie anhand der kurzen Informationstexte Ursachen und Verlauf des Deutschen Bauernkriegs sowie die Rolle, die der historische Götz von Berlichingen darin spielte.

Der Deutsche Bauernkrieg: Aufstand der Bauern 1524 / 25 in Süd- und Mitteldeutschland sowie den Alpenländern. Die Bauern forderten die freie Wahl und gegebenenfalls Absetzung des Pfarrers, die Geltung des alten Rechts (statt des von landfremden Institutionen aufgezwungenen neuen Römischen Rechts), Einschränkungen ihrer Lasten und Frondienste, Aufhebung der Leibeigenschaft, Freigabe von Jagd und Fischfang sowie Rückgabe der z.T. widerrechtlich angeeigneten öffentlichen Wälder, Äcker und Wiesen an die Gemeinde. Auf diese Weise sollten zum einen die Rechte der Landbevölkerung gestärkt werden, zum anderen der Willkür der Landesfürsten Einhalt geboten werden.

Die Reformation förderte den Ausbruch des Aufstands; Luther sprach jedoch 1525 den Bauern das Recht zum Aufstand ab. In Süddeutschland warf der Feldherr des Schwäbischen Bundes, Georg Truchsess von Waldburg-Zeil, Mitte 1525 den Aufstand nieder.

Der Bauernkrieg resultierte aus der Krise der mittelalterlichen feudalen Ordnung. Seit Mitte des 14. Jahrhunderts hatte es häufig Unruhen unter den Bauern gegeben.

Schwäbischer Bund: 1488 schlossen sich die schwäbischen Reichsstände zum Schwäbischen Bund zusammen. Dieser bewährte sich als Instrument der Reichsreform und setzte den Landfrieden im Südwesten Deutschlands durch. Es gab 1525 Verhandlungen mit den Bauern über deren Forderungen, welche auch von Adligen unterstützt wurden. Als die Bauern die Verhandlungen abbrachen, wurden sie zu Bundesfeinden erklärt und militärisch vernichtend geschlagen. 1534 zerbrach der Bund am Konfessionsstreit seiner Mitglieder.

Götz im Bauernkrieg: Von den Bauern gezwungen, übernahm Berlichingen 1525 für vier Wochen die Führung des Odenwälder Haufens. Dann nutzte er eine Entsendung zum Schwäbischen Bund, sich auf seine Burg Jagsthausen abzusetzen. Nach Beendigung des Bauernkriegs musste sich Götz vor dem Reichstag in Speyer rechtfertigen. Obwohl er erklärte, die Führung nicht aus freiem Willen übernommen zu haben, und ihn das Reichskammergericht 1526 auch freisprach, wurde Berlichingen 1528 auf Betreiben des Schwäbischen Bundes überfallen und in Augsburg gefangen gehalten. Erst 1530 ließ man ihn wieder frei – gegen das Versprechen, sich weder aus dem Umkreis seines Schlosses Hornberg zu entfernen noch auf irgendeine Art am Schwäbischen Bund Rache zu üben.

2. Untersuchen Sie, woraus sich im Drama in der Szene V, 1 ergibt, dass die Aufständischen nicht (nur) für ihre Freiheit kämpfen.

3. Götz übernimmt in V, 2 das Kommando über die Aufständischen nur unter bestimmten Bedingungen. Erstellen Sie auf der Grundlage der Lektüre die schriftliche Fassung der Vereinbarung.

Wir, Götz von Berlichingen sowie Kohl und Wild als Vertreter der Aufständischen, sind folgendermaßen übereingekommen:

1. Herr Götz von Berlichingen ____.

2. Im Gegenzug ____.

3. Diese Abmachung ____.

4. „Mit dem Vertragsabschluss hat Götz seine ritterlichen Ideale verraten." – Nehmen Sie zu dieser Behauptung begründet Stellung. Berücksichtigen Sie dabei vor allem die Szenen V, 2; V, 4 und V, 5.

ZWEI GEGNER STERBEN

1. Am Ende des Stücks sterben die beiden Hauptgegner. Götzens Weg in den Tod (V, 13 und 14) ist in markanten Äußerungen in der rechten Spalte festgehalten. Tragen Sie links entsprechende Äußerungen Weislingens aus Szene V, 10 ein.

Wie Weislingen stirbt (V, 10)	Wie Götz stirbt (V, 13 und 14)
	„Sie haben mich nach und nach verstümmelt, meine Hand, meine Freiheit, Güter und guten Namen." (S. 116, Z. 29–31)
	„Wen Gott niederschlägt, der richtet sich selbst nicht auf. [...] Meine Stunde ist kommen. [...] Sein Will geschehe." (S. 117, Z. 3–9)
	„[D]ass ich der lieben Sonne genösse, des heitern Himmels und der reinen Luft." (S. 117, Z. 16 f.; vgl. auch S. 118, Z. 17–20; S. 119, Z. 12 f.)
	„Wie starb er [Georg]? [...] Gott sei Dank. Er war der beste Junge unter der Sonne und tapfer." (S. 118, Z. 34–S. 119, Z. 4)
	„Löse meine Seele nun." (S. 119, Z. 4)
	„[I]ch bin der Letzte. [...] Du hast dich selbst überlebt, die Edlen überlebt. [...] Schließt eure Herzen sorgfältiger als eure Tore. Es kommen die Zeiten des Betrugs [...]." (S. 118, Z. 28–S. 119, Z. 7)
	„Lerse verlass sie nicht – [...]." (S. 119, Z. 5)
	„Freiheit! Freiheit!" (S. 119, Z. 13)

2. Vergleichen Sie Götzens und Weislingens Tod. Halten Sie stichpunktartig fest, inwieweit das folgende Sprichwort auf diese beiden Männer zutrifft.

Der Mensch stirbt so, wie er gelebt hat.

3. Die Zeugen des Todes (bzw. Goethe) verknüpfen Götzens Leben mit Goethes Drama „Götz von Berlichingen mit der eisernen Hand". Untersuchen Sie, wie das geschieht.

3. SPRACHE UND STIL

EINFÜHRUNG

„Götz von Berlichingen mit der eisernen Hand“ war zur Zeit seines Erscheinens ein revolutionäres Stück: Im Kampf des mittelalterlichen Ritters Götz für seine Standesfreiheit spiegelte sich der Emanzipationsversuch des Bürgertums gegenüber den Adligen. Und wie in vielen bürgerlichen Trauerspielen (z. B. auch Lessings „Emilia Galotti“ und Schillers „Kabale und Liebe“) richtete sich die Kritik an der Bamberger Hofwelt indirekt gegen den fürstlichen Absolutismus des ausgehenden 18. Jahrhunderts. Das Revolutionäre zeigt sich gleichermaßen in Sprache und Aufbau des Dramas – ein typisches Merkmal der literarischen Epoche. So verweist der Literaturwissenschaftler Volker Neuhaus darauf, dass sich der Sturm und Drang geradezu dadurch konstituiert habe, dass er die unauflösliche Einheit von Gegenstand, Dramaturgie und Sprache erkennt (Volker Neuhaus: „Götz von Berlichingen“. In: Goethe-Handbuch, Bd. 2: Dramen. Hg. von Theo Buck u. a. Stuttgart / Weimar 1996, S. 87 f.).

Mit seinen 56 Szenen, den vielen Schauplatzwechseln, der unklaren Zeitstruktur sowie den Massenszenen erweist sich Goethes „Götz“ als Drama der offenen Form. Doch nicht nur in der formalen, sondern auch in der sprachlichen Gestaltung wich Goethe vom Althergebrachten ab. Dabei orientierte er sich an verschiedenen Quellen: Unter Rückgriff auf die Lutherbibel sowie die Lebensbeschreibung des historischen Götz fand die Sprache des 16. Jahrhunderts Eingang in das Drama. Gleichzeitig flossen mundartliche Begriffe aus Goethes Frankfurter Kindheit (Oberdeutsch) mit ein. Damit schuf der Dichter ein historisches Drama, in dem den Zuschauern die Distanz zwischen Götzens Lebenszeit und der Entstehungszeit des Stücks bewusst vor Augen geführt wurde. Folgerichtig traten die Schauspieler bei der Uraufführung am 12. April 1774 im Berliner Komödienhaus nicht in französischer Hoftracht, sondern in historischen Kostümen auf. Goethe nutzte die verschiedenen Sprachebenen und Dialekte zudem, um die einzelnen Figuren bzw. Personengruppen zu charakterisieren. Durch diese sprachliche Individualisierung kehrte er dem in Alexandrinern verfassten Drama nach französischem Vorbild den Rücken und setzte so eine Entwicklung fort, die Dichter der Aufklärung, wie z. B. Lessing, initiiert hatten.

Mithilfe der Kopiervorlagen können die Schüler exemplarisch sprachliche und stilistische Merkmale des „Götz von Berlichingen“ erarbeiten sowie grundlegendes „Werkzeug“ für die Analyse von Dramentexten erwerben. Dabei wurden die Themen so ausgewählt, dass sich jedem Akt ein oder zwei sprachliche Schwerpunkte zuordnen lassen. Für den ersten Akt sind die Untersuchung des literarischen Motivs der eisernen Hand (KV S. 55) sowie der Funktion von Monologen im Schauspiel (KV S. 56) vorgesehen. Die Technik der Szenenanalyse soll am Beispiel der Szene II, 6 eingeübt werden (KV S. 58). Zuvor sollte der Begriff des sprachlichen Handelns eingeführt werden (KV S. 57). Im Rahmen der Besprechung des dritten Akts können die Schüler Merkmale des offenen Dramas erarbeiten (KV S. 59). Das bedeutende Motiv des Verräters lässt sich nach der Behandlung des vierten Akts untersuchen (KV S. 60). Die Analyse der Sprache der Figuren (KV S. 61) umfasst Fragestellungen, die sich auf das gesamte Stück beziehen. Daher sollte diese Kopiervorlage erst nach der Erarbeitung des fünften Akts zum Einsatz kommen.

Lernziele

- Die Schüler erfassen den symbolischen Gehalt des Leitmotivs der „eisernen Hand“ sowie die strukturbildende Funktion des Verräter-Motivs.
- Sie kennen grundlegende Begriffe der Dramentheorie und können diese im Rahmen einer Analyse angemessen anwenden.
- Sie lernen den Begriff des Sprechakts kennen und begreifen, wie sie diesen für die Szenenanalyse nutzen können.
- Sie beherrschen grundlegende Techniken der Szenenanalyse.
- Sie reflektieren, wie die Figuren sprechen.

■ Zur Kopiervorlage Seite 55: DAS LEITMOTIV DER EISERNEN HAND

Götz ist der Mann „mit der eisernen Hand“; diese macht ihn unverwechselbar. Darüber hinaus hat sie einen symbolischen Gehalt, der über die reine Figurencharakteristik hinausweist. In der Sekundärliteratur gibt es verschiedene Deutungsansätze für dieses Leitmotiv des Dramas. Zum einen wird auf die Hand als Symbol von Kraft und Heroismus (ganz im Sinne des für die Epoche des Sturm und Drang typischen Ideals des Tatmenschen) verwiesen. Zum anderen wird darin aber auch ein Zeichen der Versehrtheit sowie des Verlusts von Unmittelbarkeit und Identität gesehen (vgl. z. B. Anke van Kempen: „Eiserne Hand und Klumpfuß“. In: Das Denken der Sprache und die Performanz des Literarischen um 1800. Hg. von Stephan Jaeger und Stefan Willer. Würzburg 2000, S. 158–163).

Im schulischen Rahmen würde es sicherlich zu weit gehen, in eine vertiefte Interpretation des „Symbol-Geflechts“ mit allen Nuancen einzusteigen. Die Kopiervorlage sensibilisiert die Schüler vielmehr für Zusammenhänge zwischen sich wiederholenden Formulierungen im ersten Akt und deren übertragenen Bedeutung. Zudem wird in diesem Zusammenhang der Begriff des (Leit-)Motivs anschaulich eingeführt (zum Motiv des „Verräters“ vgl. KV „Das Verräter-Motiv im ‚Götz‘“, S. 60).

Die Eingangsaufgabe verlangt eine genaue Lektüre des ersten Akts. Die ersten beiden Teilaufgaben bieten sich für eine Einzelarbeit an. Nachdem die Ergebnisse im Plenum ausgetauscht wurden, sollten die Wörterbuchartikel dann in Partner- oder Gruppenarbeit verfasst werden. Falls die Schüler nicht wissen, wie ein Wörterbuchartikel aufgebaut ist, finden sie z. B. auf folgender Seite Vorlagen: *https://www.dwds.de*.

Mit der zweiten Aufgabe wird auf eine allgemeinere Interpretation des Symbolgehalts des Leitmotivs abgezielt. Dabei können Sie auf die in der ersten Aufgabe erworbene Textkenntnis zurückgreifen. Zunächst sollte sich jeder Schüler selbst für eine der drei vorgegebenen Aussagen entscheiden und sich stichwortartig unterstützende Argumente und Textbelege notieren. Die Ergebnisse werden anschließend im Plenum diskutiert.

Möglicher Einstieg

Einen ersten Zugang bieten alltägliche Redewendungen, in denen der Begriff „Hand" vorkommt. Zunächst „übersetzen" die Schüler vorgegebene bildhafte Ausdrücke in Einzel- oder Partnerarbeit, z. B. mit jemandem Hand in Hand arbeiten; etwas aus erster Hand wissen; die Hände in den Schoß legen; zwei linke Hände haben; seine Hand für jemanden ins Feuer legen; gegen jemanden etwas in der Hand haben. Sammeln Sie im Plenum weitere Redewendungen, in denen der Begriff „Hand" vorkommt. Überlegen Sie gemeinsam, wieso die Hand in Redewendungen wohl so eine große Rolle spielt. Mögliche Begründungen: Laut anthropologischen Forschungen ist die Entwicklung der menschlichen Hand zum Tast- und Greiforgan eine wesentliche Voraussetzung für die Menschwerdung. Durch den aufrechten Gang sind Arm und Hand für andere Aufgaben freigesetzt worden – eine Voraussetzung, um zum wichtigsten menschlichen „Werkzeug" werden zu können. Diese zentrale Bedeutung der Hand spiegelt sich auch sprachlich wider.

Lösung

Aufgabe 1

a) Bedeutung der „Hand" im Kontext der Lektüre:

- Weislingen als „rechte Hand" des Bischofs: Weislingen ist ein enger Vertrauter und Helfer des Bischofs.
- Die „arme, schwache Hand" des Mönchs: Die Hand steht hier für die Kampfunfähigkeit des Mönchs.
- Götz reicht Martin seine linke Hand: Die rechte Hand wird im folgenden Dialog als die „ritterliche Rechte" bezeichnet, steht also für Kampf und Aktion. Dass Götz „nur" die linke Hand gibt, verweist auf seine Beeinträchtigung.
- Götzens Aussage über die Unempfindlichkeit seiner rechten Hand gegen „den Druck der Liebe": Die eiserne Prothese ist zwar eine Beeinträchtigung, weist den Träger aber auch als den einzigartigen Götz von Berlichingen aus (S. 13, Z. 8).

b) Weitere Textstellen, in denen die „Hand" eine Rolle spielt:

- S. 13, Z. 11–16: Der Mönch verehrt Götzens Rechte wie eine Reliquie.
- S. 13, Z. 20–24: Auch verstümmelt (mit einer Hand) kann ein Ritter kämpfen.
- S. 13, Z. 29 f.: Ohne Gottes Gnade nützen auch zwölf Hände nichts.
- S. 15, Z. 15–19: Das fromme Kind heilt mit seiner Rechten die Kranken durch Berührung.
- S. 19, Z. 6–13: Der Bischof gibt versehentlich Götz (seinem Feind) die Hand.
- S. 19, Z. 13–15: Götz nimmt darauf Bezug und gibt dem Bischof seine Hand „zurück".
- S. 22, Z. 20–24: Nach seiner Verwundung hat Götz gehofft, Weislingen werde seine „rechte Hand" sein.
- S. 29, Z. 27 f.: Berlichingen ist der „mit der eisernen Hand".
- S. 31, Z. 27: Weislingen ergreift Marias Hand als Zeichen der Liebe.
- S. 31, Z. 29: Maria zieht ihre Hand zurück, verhält sich gegenüber dem Liebesangebot zunächst reserviert.
- S. 32, Z. 26–28: Handschlag als Vertragsabschluss zwischen Götz und Weislingen
- S. 32, Z. 29–33: Weislingens Treueversprechen an Götz verbindet sich mit der Bitte um Marias „Hand" (= Heiratsantrag).
- S. 33, Z. 5 f.: Weislingen und Maria sollen sich zum Zeichen ihrer Verlobung die Hände reichen.
- S. 33, Z. 11–14: Götz träumt, dass Weislingen seine rechte Hand aus den Schienen reißt, d. h. dass er ihn schwächt (Vorausdeutung auf Weislingens Vertrauensbruch).
- S. 33, Z. 15 f.: Götz deutet den Traum in dem Sinne, dass Weislingen ihm als seine lebendige „rechte Hand" die eiserne Hand ersetzen werde (Hoffnung auf Einhalten des Treueversprechens und Gelingen der Verbindung von Weislingen und Maria).
- S. 34, Z. 3 f.: Elisabeth soll ihre Zustimmung zur Verbindung zwischen Maria und Weislingen geben.

c) Möglicher Wörterbucheintrag zum Thema „Hand":
<u>Hand</u>, 1. Die (rechte) Hand ist das Organ des Greifens und allgemein des Tuns: *Hand, daran gewöhnt, Friedensfahnen zu führen.* Wegen seiner Ersatzhand ist Götz *der mit der eisernen Hand*. 2. Metaphorisch wird jemand, der für einen anderen arbeitet, *dessen rechte Hand* genannt. 3. Die eigene Hand kann stellvertretend für den ganzen Menschen stehen: (a) Bei der Begrüßung *gibt man* jemandem *die Hand*. – Im Spott *gibt* Götz dem Bischof dessen Hand metaphorisch *zurück*. (b) Durch Handschlag schließt man einen Vertrag ab: *Ich verlange nichts weiter als Eure Hand.* (c) Man berührt oder ergreift die Hand einer geliebten Person: *Er nimmt ihre Hand.* – Die Bedeutungen (b) und (c) können miteinander vermengt werden, so z. B. bei einem Eheversprechen: *Gebt euch die Hände, und so sprech ich Amen!*

Aufgabe 2

Da die Hand als „Figuration des Widerspruchs" gesehen werden kann, d. h. sowohl für Kraft und Widerstandsgeist als auch für Verkrüppelung und Schwächung steht, lassen sich alle drei Behauptungen mithilfe des Textes sinnvoll belegen. Die verschiedenen Hypothesen können im Laufe der Lektüre an zentralen Stellen aufgegriffen und erneut überprüft werden.
„Die eiserne Hand ist ein Zeichen von Lebenskraft und Stärke der Figur." – Mögliche Belege im ersten Akt: Grundsätzlich steht das Material „Eisen" für Kraft und Widerstandsgeist. Für Bruder Martin (und auch andere Figuren) ist die „eiserne Hand" das Identifikationsmerkmal eines Mannes, der sich

erfolgreich zum Wohle der Bedrängten den Fürsten widersetzt (S. 13, Z. 8–11). Außerdem sieht er sie als ein göttliches Zeichen von Götzens Bestimmung zum „Selbsthelfer" (S. 13, Z. 14–16). Götz selbst gibt an, dass er seine rechte Hand trotz der Prothese im Krieg weiter verwenden kann (S. 13, Z. 4 f.).

„Die eiserne Hand ist ein Zeichen von Verwundbarkeit und Schwäche der Figur." – Mögliche Belege im ersten Akt: Bruder Martin bezeichnet Götzens Verwundung als „Verstümmelung" (S. 13, Z. 21). Diese Bezeichnung greift Götz selbst kurz vor seinem Tod noch einmal auf und versteht somit den Verlust der rechten Hand als den Anfang vom Ende: „Suchtest du den Götz? Der ist lang hin. Sie haben mich nach und nach verstümmelt, meine Hand, meine Freiheit, Güter und guten Namen" (S. 116, Z. 29–31). Götz unterscheidet zwischen der Nutzbarkeit der rechten Hand im Krieg und der Unbrauchbarkeit in Gefühlsdingen, das weist bereits auf eine Einschränkung hin (S. 13, Z. 4–6). Seine Deutung des Traums, in dem ihm Weislingen die Prothese abreißt, lässt sich dahingehend interpretieren, dass Götz die eiserne Hand als Schwächung empfindet und sich nach einem Ersatz der (natürlichen) rechten Hand sehnt (S. 33, Z. 15 f.). Wenn man die vorangehenden Textstellen, in denen die Hand mehrfach eine Rolle spielt, als Teil dieses Symbolgeflechts betrachtet, könnte z. B. Weislingen Götzens „rechte Hand" werden, d. h. ihn unterstützen und seine Position stärken, indem er Maria zur Frau nimmt.

„Die eiserne Hand symbolisiert die Differenz zwischen Götzens Zielen und der Möglichkeit, sie in seiner Zeit zu verwirklichen." – Mögliche Belege im ersten Akt: Götz selbst unterscheidet zwischen der Brauchbarkeit der Prothese im Kampf und der Unempfindlichkeit „gegen den Druck der Liebe" (S. 13, Z. 4–6), d. h. es deutet sich bereits zu Beginn des Dramas an, dass Götz mit dem Verlust der rechten Hand, die für die ritterliche Identität steht, in seiner Unmittelbarkeit eingeschränkt ist. Die Bemerkung des Mönchs, Götzens „totes Werkzeug" werde durch „des edelsten Geistes Vertrauen auf Gott" belebt (S. 13, Z. 15 f.), kann als Ausgleich der äußerlichen Verwundung durch innere Werte verstanden werden. Dieser Ausgleich lässt sich gegen Ende des Dramas in Götzens Augen nicht mehr leisten. Wenn er von seinem „Schicksalsgenossen", dem Kaiser, sagt: „Ich weiß er wünscht sich manchmal lieber tot, als länger die Seele eines so krüpplichen Körpers zu sein" (S. 80, Z. 8 f.), spricht er auch von sich selbst.

Zur Kopiervorlage Seite 56:
MONOLOGE IM ERSTEN AKT

Mit dieser Kopiervorlage wird die Redeform des Monologs eingeführt. Einen Zugang zu dem Thema können Sie schaffen, indem Sie fragen: „Warum redet man manchmal, auch wenn man allein ist?" Nach der Benennung verschiedener Alltagsbeispiele kann zu den Funktionen des Monologs im Drama übergeleitet werden.

Die erste Aufgabe, die eine genauere Auseinandersetzung mit dem Dramentext erfordert, sollte auf jeden Fall in Einzelarbeit (z. B. als Hausaufgabe) bearbeitet werden. Die zweite und die dritte Aufgabe eignen sich für eine Besprechung im Plenum. Mit der vierten Aufgabe wird das Verständnis des Monolog-Begriffs überprüft, daher sollte sie von jedem Schüler einzeln bearbeitet werden.

Die Kopiervorlage sollte im Anschluss an die Besprechung des ersten Akts zum Einsatz kommen.

Lösung

Aufgabe 1

Götz denkt über seine Situation und seine Pläne nach. Indem er Weislingen zu seinem Gefangenen macht, will er sich dem Bamberger Bischof widersetzen. Bedeutung: Der Monolog führt die Zuschauer in die Handlung ein.

Georg möchte seinem Namenspatron, dem heiligen Georg, als Kämpfer nacheifern. Bedeutung: Der Monolog dient der Charakterisierung Georgs.

Weislingen ist zwischen seiner Loyalität gegenüber dem Bischof und seiner alten Bindung an Götz hin- und hergerissen. Er hat Gewissensbisse und ist unsicher, ob er an seiner Karriere am Hof festhalten soll. Bedeutung: Der Monolog bietet den Zuschauern Informationen über die gemeinsame Vorgeschichte Götzens und Weislingens; er bereitet Weislingens Umkehr zwischen I, 3 und I, 5 vor.

Weislingen preist sich glücklich, weil er in der Bindung an Götz und Maria seine Freiheit wiedergefunden hat: Er braucht weder zu herrschen noch zu gehorchen. Bedeutung: Der Monolog gibt Einblick in Weislingens Gedanken und ist ein Beweis dafür, dass er es mit seinem Treueversprechen ernst meint.

Franz vergleicht Maria mit Adelheid von Walldorf und spricht von seinem eigenen Begehren. Bedeutung: Der Monolog deutet indirekt einen möglichen Konflikt an: Auch Weislingen könnte Adelheid verfallen und somit zwischen zwei Frauen stehen.

Aufgabe 2

Liebetrauts A-part-Sprechen unterscheidet sich insofern vom Monolog, als er nicht allein ist. Die anderen Figuren bekommen trotzdem nichts vom Gesagten mit, die Bemerkung ist für den Zuschauer gedacht. Häufig wird ein Beiseitesprechen genutzt, um sich abfällig über eine der anwesenden Figuren zu äußern. Im vorliegenden Fall spricht Liebetraut vor sich hin, weil er an dieser Stelle seine Kompetenzen überschreitet, indem er sich gewissermaßen als „Fitnesstrainer" des Abts aufspielt.

Aufgabe 3

In den Monologen zeigen die Figuren, was sie bewegt. Teilweise können sie nur so offen sprechen (Weislingens erster Monolog, Franz); teilweise könnten sie ihre Äußerung auch vor anderen tun (Götz, Georg, Weislingens zweiter Monolog). – Die Zuschauer werden durch Monologe in die Handlung eingeführt oder auf künftige Ereignisse vorbereitet.

Aufgabe 4
Der Reiter zeigt Unterschiede zwischen Carls und Götzens Verhalten auf. Damit deutet er an, dass Carl nicht das „Erbe“ seines Vaters antreten wird, dass Götz somit der Letzte seiner Art ist. Der Reiter ist allein, als er sich über Carl äußert, also handelt es sich um kein Beiseitesprechen. Mit seiner Bemerkung richtet er sich an die Zuschauer, für die er Carls Verhalten im Kontext des Dramas deutet und die er gleichzeitig auf künftige Ereignisse vorbereitet. Daher kann die Äußerung als Monolog bezeichnet werden.

Zur Kopiervorlage Seite 57: MENSCHEN HANDELN IM DRAMA

Mithilfe der Kopiervorlage wird der Begriff des sprachlichen Handelns bzw. des Sprechakts eingeführt, den man für die exakte Analyse von Dialogen kennen sollte. Der linguistische Begriff wird hier allgemein im Sinne einer „sprachlichen Äußerung als sozialer Handlungsvollzug in gegebenem situativen Kontext“ (Winfried Ulrich: Wörterbuch Linguistische Grundbegriffe, 5. Aufl., Stuttgart 2002) verwendet.

Indem die Schüler für zwei einfache Aussagen aus vorgegebenen Verben das jeweils passende zur Benennung des Sprechakts auswählen, wird ihnen bewusst, was unter diesem Begriff zu verstehen ist. Die Kontextgebundenheit einer Aussage wird mit der zweiten Aufgabe anhand eines Zitats aus Brechts „Leben des Galilei“ verdeutlicht. Hier wird auch klar, dass die Benennung eines Sprechakts in einem Drama mit einer Interpretation der entsprechenden Textstelle einhergehen kann.

Die dritte Aufgabe bietet eine Auswahl an Äußerungen aus „Götz von Berlichingen“, anhand derer die Schüler die Sprechaktanalyse unter Berücksichtigung des situativen Kontextes üben können.

Die ersten beiden Aufgaben lassen sich im Plenum oder in Partnerarbeit lösen, die dritte Aufgabe sollte zunächst in Einzelarbeit (in der Schule oder zu Hause) erledigt werden, damit sich wirklich jeder Schüler mit dem Begriff des sprachlichen Handelns auseinandersetzt.

Die Kopiervorlage ist der Besprechung des zweiten Akts zugeordnet.

Lösung
Aufgabe 1
a) Sören beschuldigt Markus.
b) Der Lehrer beglückwünscht Ella.

Aufgabe 2
Der Kardinal sagt, dass Galilei dem einst verbrannten Giordano Bruno auffallend gleiche; damit will er ihm jedoch nicht Brunos Friseur oder Schneider empfehlen oder ihm ein Kompliment machen – er sagt ja ausdrücklich, dass er nicht mehr gut sehen kann. Die Ähnlichkeit wird von der körperlichen Statur auf die Person selbst und ihr Agieren verlagert: Galilei ist ein Ketzer, darin gleicht er Bruno, deshalb droht ihm dann auch das gleiche Schicksal wie Giordano bzw. der Kardinal droht es ihm an. Diese Erkenntnis lässt sich nicht allein aus dem Inhalt der Aussage ableiten, zusätzlich ist weiteres Wissen erforderlich, das sich nur aus dem Kontext erschließen lässt: über die Position des Sprechers (Zugehörigkeit zu einer Institution, die über Leben und Tod entscheidet) und des Angesprochenen (eigensinniger Forscher) sowie über die Situation, aus der heraus die Äußerung erfolgt (Streit über das richtige Weltbild).

Aufgabe 3
„Die Ursachen lassen sich herunterbeten wie ein Rosenkranz.“ (S. 39, Z. 33 f.) Kontext: Der Bischof versteht nicht, wieso Weislingen nicht an den Hof zurückkehren möchte (S. 39, Z. 30–32). Sprechakt: Liebetraut äußert sein Unverständnis darüber, dass der Bischof nicht auf die für ihn selbst einfache Erklärung (S. 39, Z. 34 f.) kommt.
„Das ist eine weitläufige Kommission.“ (S. 40, Z. 7) Kontext: Der Bischof hat Liebetraut eine Vollmacht erteilt, alles zu tun, um Weislingen an den Hof zurückzuholen (S. 40, Z. 2 f.). Adelheid hat Liebetraut ermahnt, nur zurückhaltend von ihr zu sprechen (S. 40, Z. 6). Sprechakt: Liebetraut fordert Adelheid durch seinen witzigen Widerspruch heraus.
„Ihr werdet nicht verlangen dass ich meinen Eid brechen soll.“ (S. 44, Z. 25 f.) Kontext: Der Bischof fordert indirekt eine Erklärung für Weislingens Entschluss, sich vom Bischof abzuwenden (S. 44, Z. 24). Sprechakt: Weislingen verteidigt seinen Entschluss, indem er sich auf seinen Treueeid gegenüber Götz beruft.
„Erzählt das Mädchen die den Teuerdank lesen, und sich so einen Mann wünschen.“ (S. 47, Z. 11 f.) Kontext: Weislingen hat sich gegenüber Adelheid auf Ritterpflicht und Ehrenwort berufen (S. 47, Z. 9 f.). Sprechakt: Adelheid erkennt diese Begründung nicht an, macht sich darüber lustig.
„Habt Ihr mir noch was zu sagen?“ (S. 48, Z. 16) Kontext: Weislingen ist bei seinem Entschluss geblieben, den Hof zu verlassen, hält aber voller Sehnsucht Adelheids Hand. Sprechakt: Je nach Tonfall kann Adelheids Äußerung als Zurückweisung oder als Ermunterung zu einem Liebesverhältnis interpretiert werden.
„Es ist zu spät! Wir bleiben hier.“ (S. 49, Z. 11) Kontext: Franz fragt, wann er die Pferde satteln soll (S. 49, Z. 8–10), da Weislingen kurz vorher die Abreise für den Abend angeordnet hat (S. 45, Z. 31). Weislingens Entschluss ist aber durch seine Enttäuschung über Adelheids scheinbare Ablehnung (S. 49, Z. 9) ins Wanken geraten. Sprechakt: Weislingen verschiebt die Abreise unter einem Vorwand.
„Das kann ich doch alle tun, unbeschadet Berlichingens und unserer Verbindung.“ (S. 49, Z. 19–21) Kontext: Weislingen erkennt, dass er in Versuchung gerät, sein Wort zu brechen (S. 49, Z. 13 ff.). Sprechakt: Weislingen zieht als Folgerung aus seinen vorangehenden Begründungen für die Verschiebung (S. 49, Z. 16–19), dass er damit nicht gegen sein Treueversprechen verstößt, und rechtfertigt somit sein Verhalten.

Zur Kopiervorlage Seite 58: WEISLINGEN WIRD UMGARNT (SZENENANALYSE II, 6)

Mithilfe dieser Kopiervorlage wiederholen und üben die Schüler den Aufbau einer Szenenanalyse. Relevante Textstellen zur Bestimmung der Ausgangssituation sowie die Einteilung der Szene II, 6 in Gesprächsabschnitte sind bereits vorgegeben. Falls der zeitliche Rahmen bzw. der Kenntnisstand der Schüler es zulässt, können Vorschläge für eine geeignete Unterteilung des Dialogs zunächst im Plenum gemacht werden, um diese anschließend mit dem auf dem Arbeitsblatt vorgegebenen Raster zu vergleichen. Dabei sollten folgende Fragen zugrunde gelegt werden: Wie ist die Szene aufgebaut? Welche verschiedenen Gesprächsphasen lassen sich erkennen? Woran kann man festmachen, dass ein neuer Gesprächsabschnitt beginnt? Die Bestimmung der Ausgangssituation sowie die Untersuchung des Gesprächsverlaufs sollten in Einzelarbeit erfolgen, um eine ausreichende Textarbeit aller Schüler zu gewährleisten. Die Gesprächsergebnisse können anschließend im Plenum diskutiert und auf dem Arbeitsblatt ergänzt werden.

Die Kopiervorlage kann im Rahmen der Besprechung des zweiten Akts zum Einsatz kommen, z. B. im Zusammenhang mit der Erarbeitung der Rolle Adelheids im Drama (vgl. KV „Adelheid – eine ‚Zauberin'?", S. 38). Der Begriff des „sprachlichen Handelns" (vgl. KV „Menschen handeln im Drama", S. 57) wird als bekannt vorausgesetzt.

Lösung

Ausgangssituation des Gesprächs: Weislingen ist auf Wunsch des Bischofs von Liebetraut nach Bamberg gelockt worden (S. 43, Z. 14–20). Nach seinem ersten Treffen fühlt er sich stark zu Adelheid hingezogen (S. 45, Z. 33 f.), hält aber an seinem Treueversprechen gegenüber Götz fest (S. 45, Z. 31). Adelheid ist nicht in Weislingen verliebt, möchte aber, dass er in ihrer Nähe bleibt (S. 46, Z. 4 f.), was auch dem Wunsch des Bischofs entspricht (S. 40, Z. 29–35).

Gesprächsverlauf:

S. 46, Z. 13–21: Adelheid wirft Weislingen vor, dass er nicht an ihr interessiert sei. Weislingen weist diesen Vorwurf als unzutreffend zurück.

S. 46, Z. 22–S. 47, Z. 2: Weislingen gesteht Adelheid seine Liebe. Adelheid weist das Bekenntnis als unwahr zurück.

S. 47, Z. 3–10: Adelheid verabschiedet Weislingen mit dem Vorwurf, dass es sein Wunsch sei zu gehen. Weislingen begründet sein Fortgehen mit seiner Ritterpflicht, einen Treueschwur zu erfüllen.

S. 47, Z. 11–26: Adelheid wertet die oberste Ritterpflicht als „Kinderspiel" ab. Weislingen akzeptiert ihre Sichtweise nicht. Adelheid relativiert ihre Abwertung, indem sie die Nichtigkeit des Eids an der Person Götzens festmacht. Gleichzeitig wechselt sie auf eine persönliche Ebene („du Weislingen mit deiner sanften Seele", Z. 26).

S. 47, Z. 27–S. 48, Z. 10: Weislingen verteidigt Götz, indem er auf dessen edlen Charakter verweist. Adelheid äußert die Befürchtung, dass Götz Weislingen bevormunden würde, und setzt dieser Erniedrigung die Möglichkeit entgegen, am Hof „Herr von Fürsten" zu sein.

S. 48, Z. 11–34: Adelheid schickt Weislingen ungnädig fort. Weislingen weigert sich, endgültig von ihr Abschied zu nehmen.

S. 49, Z. 1–4: Adelheid gibt die Anweisung, Weislingen nicht mehr vorzulassen, weil sie hofft, ihn für sich zu gewinnen, indem sie ihn hinhält.

→ Gesprächsergebnis für Weislingen: Weislingen sieht sich in seinen Liebesbemühungen zurückgewiesen, ist aber umso mehr bestrebt, nicht aufzugeben.

→ Gesprächsergebnis für Adelheid: Adelheid hat ihr Ziel erreicht, Weislingen fester an sich zu binden.

Weiterführende Anregung

Im Anschluss an die Dialoganalyse sollte in der Lerngruppe diskutiert werden, was sich aus Adelheids Monolog (S. 49, Z. 1–4) für das Verständnis der vorherigen Äußerungen ergibt. Dabei sollte erkannt werden, dass Adelheids ganzes Auftreten taktisch bestimmt war und nicht ihre wirkliche Einstellung zu Weislingen widerspiegelt.

Dieses Rollenverständnis kann in einer szenischen Lesung herausgearbeitet werden. Mit verteilten Rollen sprechen die Schüler den Dialog, um zu erproben, wie sich Adelheids Verstellung am ehesten deutlich machen lässt. Auf diese Aufgabe können sich die Schüler in Partnerarbeit zu Hause vorbereiten.

Zur Kopiervorlage Seite 59: DIE FORM DES DRAMAS – EINE ÜBERSCHREITUNG ALLER THEATERGRENZEN?

Führen Sie mithilfe dieser Kopiervorlage den Begriff des offenen Dramas ein. Merkmale des geschlossenen Dramas sind in einem kurzen Informationstext vorgegeben. Anhand einer auf dem Arbeitsblatt skizzierten Tabelle, die die Schüler in ihr Heft übertragen und während der Lektüre des dritten Akts zu Ende führen, wird untersucht, inwiefern Goethe die Regeln der drei Einheiten (Ort, Zeit und Handlung) durchbricht. Die Ergebnisse sollten im Unterrichtsgespräch ausgetauscht werden und in eine eigenständige Definition des offenen Dramas münden. Ein kurzes Zitat, das Goethes Absicht bei der Konzeption seines Dramas zum Ausdruck bringt, dient als Ausgangspunkt für eine Diskussion: Ist es Goethe dank der gewählten Dramenform gelungen, die historischen Ereignisse lebendig werden zu lassen? Um zu gewährleisten, dass sich alle Schüler über diese Frage Gedanken machen, sollte dem Austausch in der Klasse eine kurze Stillarbeitsphase vorausgehen, in der die Schüler ihre Eindrücke stichwortartig notieren.

Im Zusammenhang mit der vierten Aufgabe bietet sich der Einsatz der Kopiervorlage „Die Entstehung des ‚Götz'" (S. 12/13) bzw. „Die Epoche des Sturm und Drang" (S. 14) an.

Lösung

Aufgabe 1

Merkmale des geschlossenen Dramas:

- Einheit der Handlung: Die Szenen hängen sachlich zusammen und führen zu einem bestimmten Ergebnis; es sind nur wenige Figuren beteiligt, deren Rollen (Held und Gegenspieler) klar verteilt sind.
- Einheit der Zeit: Die gesamte Handlung findet innerhalb eines oder weniger Tage statt.
- Einheit des Ortes: Die gesamte Handlung findet an einem Schauplatz statt.

Aufgabe 2

Szenen	Orte	Zeitstruktur	Figuren / Handlung
III, 1	Augsburg. Ein Garten	einige Wochen später als II, 10 (S. 57, Z. 3–5 ↔ S. 56, Z. 21)	Kaufleute bitten den Kaiser um Hilfe gegen Götz von Berlichingen. Weislingen überredet den Kaiser, Maßnahmen zu ergreifen.
III, 2	Jagsthausen	unbestimmt	Sickingen bittet Berlichingen um die Hand seiner Schwester.
III, 3	Lager der Reichsexekution	einige Wochen nach III, 1 (S. 59, Z. 15 ff.)	Hauptmann und Offiziere ziehen gegen Götz ins Feld.
III, 4	Jagsthausen	am gleichen Tag wie III, 2 und III, 3 (S. 61, Z. 25 ff.)	Sickingen hat Maria einen Heiratsantrag gemacht; Götz hat die Achtserklärung des Kaisers erhalten und plant, mit Selbitz gegen die Truppen zu ziehen; Sickingen verspricht Unterstützung.
III, 5	Bamberg. Adelheidens Zimmer	etwa zeitgleich mit III, 3 (S. 63, Z. 7 f.)	Franz stattet Adelheid einen Besuch ab, bevor er mit dem Heer gegen Götz ins Feld zieht. Der Beginn einer Liebesaffäre zwischen Franz und Adelheid kündigt sich an.
III, 6	Jagsthausen	einige Tage nach III, 3 und III, 4 (S. 66, Z. 2 ff.)	Lerse stößt zu Götz und Georg. Götz zieht mit seinem Heer dem Reichsheer entgegen.
III, 7	Wald an einem Morast	einige Tage später als III, 3 (Sachlogik)	Einige Reichsknechte werden von Götz, Lerse und Georg geschlagen und gefangen genommen.
III, 8	Lager	am gleichen Tag wie III, 7	Ein Reichsritter, der entkommen konnte, erstattet dem Hauptmann im Lager Bericht.
III, 9	Jagsthausen	wenigstens einen Tag später als III, 6 (S. 66, Z. 2 f.)	Selbitz teilt Götz mit, dass die Achtserklärung des Kaisers auf Weislingens Einfluss zurückgeht.
III, 10	Lager	am gleichen Tag wie III, 8 oder einige Tage später	Der Hauptmann des Reichsheers zieht ein Fazit der bisherigen Misserfolge.
III, 11	Gebürg und Wald	deutlich später als III, 4; einige Tage nach III, 10 (S. 69, Z. 24 f. ↔ S. 62, Z. 13 f.)	Strategische Überlegungen: Götz und Selbitz greifen von zwei Seiten an, Sickingen ist zu ihnen gestoßen.
III, 12	Heide. Auf der einen Seite eine Höhe, auf der andern Wald	am gleichen Tag wie III, 11 (S. 69, Z. 26 f. ↔ S. 70, Z. 4)	Die Truppen des Reichsheers treffen mit Götzens und Selbitz' Leuten zusammen.
III, 13	Eine Höhe mit einem Wartturn	am gleichen Tag	Bericht der folgenden Schlacht. Götzens Truppen tragen den Sieg davon, aber Selbitz ist verwundet.
III, 14	Lager	am gleichen Tag	Der Hauptmann schimpft über die Feigheit seiner Leute, die vor Götz die Flucht ergriffen haben.
III, 15	Jagsthausen	wenige Tage (?) nach der Schlacht (S. 73, Z. 12–14 und die Trauung)	Götz schickt Georg und Lerse aus, um Unterstützung zu besorgen; Selbitz wurde verwundet auf sein Schloss gebracht; Sickingen und Maria heiraten.
III, 16	Lager	am gleichen Tag (?)	Auch der Hauptmann des Reichsheers zieht Bilanz: Er hat in der Schlacht 150 Leute verloren, beschließt aber, sofort nach Jagsthausen zu ziehen.
III, 17	Jagsthausen	am gleichen Tag wie III, 15	Götz schickt Maria und Sickingen nach der Hochzeit in Sicherheit; in der Zwischenzeit wird die Burg von Truppen des Reichsheers umzingelt.
III, 18	Belagerung. Küche	am gleichen Tag	Die Vorräte sind knapp; auch Kugeln müssen neu gegossen werden.
III, 19	Saal	im Anschluss an III, 18 (S. 78, Z. 1)	Mithilfe von verschiedenen Bleigegenständen gießen Lerse und ein Knecht Kugeln. Lerse zieht ab, um sicheres Geleit zu erbitten.
III, 20	Saal	am gleichen Tag wie III, 19 (S. 82, Z. 1 ↔ S. 79, Z. 19 f.)	Götz und seine Leute nehmen eine letzte gemeinsame Mahlzeit ein und sprechen über die Zukunft. Lerse kommt mit der Nachricht vom freien Geleit.
III, 21	Schlosshof	am gleichen Tag wie III, 20 oder am nächsten (Silber muss versteckt werden; S. 82, Z. 6 f.)	Georg und Götz brechen auf.
III, 22	Saal	am gleichen Tag wie III, 21	Zwei Knechte beobachten, wie die Truppen des Reichsheers ihr Wort brechen, indem sie Götz und seine Leute angreifen; Georg stirbt.

→ Mit Augsburg, Jagsthausen, Bamberg, dem Lager der kaiserlichen Truppen und der freien Natur (Wald, Gebirge, Heide, Höhe), in der die Kämpfe stattfinden, bietet allein der dritte Akt mindestens fünf verschiedene Handlungsorte, die zum Teil auch geografisch weit auseinanderliegen, d. h. die Einheit des Ortes wird nicht berücksichtigt. Zudem erstreckt sich der dritte Akt über einen Zeitraum von mehreren Wochen, d. h. das Geschehen findet nicht innerhalb weniger Tage statt, wie es das Prinzip „Einheit der Zeit" fordert. Die eigentliche Handlung besteht in der kämpferischen Auseinandersetzung zwischen Götzens Leuten und den kaiserlichen Truppen. Aber auch Nebenhandlungen wie Marias Heirat mit Sickingen sowie das Gespräch zwischen Franz und Adelheid, das eher der Weislingen-Handlung zuzuordnen ist, werden berücksichtigt. Neben den Hauptfiguren treten zahlreiche Nebenfiguren auf (Hauptmann und Ritter des Reichsheers, Knechte, Kaufleute ...). Insgesamt kann man also auch nicht von einer Einheit der Handlung sprechen.

Aufgabe 3
Im offenen Drama besteht z. T. kein direkter Zusammenhang zwischen den einzelnen Szenen. Die Handlung kann in verschiedene Handlungsstränge zerfallen (z. B. Götz- und Weislingen-Handlung), dabei werden auch Nebenhandlungen berücksichtigt. Daher tritt eine Vielzahl an Personen auf. Das Geschehen spielt an verschiedenen Schauplätzen und erstreckt sich über einen längeren Zeitraum.

Aufgabe 4
Da die Schüler den tatsächlichen Ablauf der historischen Ereignisse nicht kennen, sollte die Frage im Mittelpunkt stehen, ob die Szenenabfolge des Textes lebendig wirkt. Dabei lässt sich herausarbeiten, dass die 22 Szenen das Geschehen in vielen Facetten zeigen. Sie sind oft „hart geschnitten", wodurch zahlreiche Ereignisse und Perspektiven zur Geltung kommen. Man kann also sagen, dass Goethe mit dem dritten Akt seinem Anspruch gerecht geworden ist.

Zur Kopiervorlage Seite 60: DAS VERRÄTER-MOTIV IM „GÖTZ"

„Treue" und „Verrat" sind Schlagworte, die für Jugendliche und Erwachsene zentrale Fragen der Lebensführung berühren – nicht nur im politischen oder religiösen, sondern auch im persönlichen Bereich. Die Treue der Freunde sichert einem z. B. die Anerkennung, die man braucht, um seine Identität zu finden.

Mit dieser Kopiervorlage, die Sie zur Besprechung des vierten Akts oder später einsetzen können, wird die für den ersten Akt angeregte Untersuchung zentraler Motive des Dramas (vgl. KV „Das Leitmotiv der eisernen Hand", S. 55) fortgeführt. Zudem findet eine vertiefte Auseinandersetzung mit der Figur Weislingen statt.

Indem die Schüler aus vorgegebenen Synonymen zum Begriff „Verräter" die im Zusammenhang mit der Figur Weislingen passenden Bedeutungen auswählen, machen sie sich zunächst auf sprachlicher Ebene bewusst, welche Dimensionen der Verrat im Drama hat. Anschließend wird dessen Stellenwert in den verschiedenen Lebensphasen der Figur nachvollzogen. Vertiefend kann die strukturbildende Funktion des Motivs untersucht werden (vgl. „Weiterführende Anregung", S. 54). Abschließend soll durch die Reflexion eines kurzen Nietzsche-Textes über Verrat die Schwarz-Weiß-Zeichnung der Figuren Weislingen und Götz relativiert werden. Hier wird „Verrat" auch in seiner Bedeutung für jeden Einzelnen thematisiert.

Die erste Aufgabe sollte in Partnerarbeit gelöst werden, damit die Schüler das Verfahren der Ersatzprobe bewusst anwenden. Die zweite Aufgabe erfordert eine erneute Lektüre und eignet sich daher am ehesten für eine Einzelarbeit. Die Diskussion über „Verrat" (Aufgabe 3) sollte im Plenum erfolgen, sofern im Kurs eine offene Aussprache möglich ist.

Möglicher Einstieg
Um den Umgang mit Online-Wörterbüchern zu trainieren, können die Schüler zunächst selbst passende Synonyme zum Begriff „Verräter" recherchieren. Zuverlässige Angaben finden Sie im Wortschatz der Uni Leipzig unter *https://wortschatz.uni-leipzig.de/de* sowie im Digitalen Wörterbuch der deutschen Sprache unter *https://www.dwds.de*. Die verschiedenen Bedeutungen werden im Plenum gesammelt und für die Lösung der ersten Aufgabe zugrunde gelegt.

Lösung
Aufgabe 1
„Er hat ein doppeltes Band zerrissen. Wohl Euch dass Ihr mit dem Treulosen / Wortbrecher nicht näher verwandt worden."
→ private Dimension
„Vergiss einen Abtrünnigen / Überläufer. Wir wollen seine Anschläge vernichten, sein Ansehn untergraben [...]." → politische Dimension

Aufgabe 2
a) Durch die Verlobung mit Maria hofft Weislingen, sich vom Bamberger Hof zu lösen und ein Leben in Freiheit führen zu können.
b) Bei der Begegnung mit Adelheid schwankt Weislingen: Er erkennt seine Bindung an Götz und Maria, ist aber auch von Adelheid gefesselt.
c) Weislingen sucht eine neue Identität, steht aber noch unter dem Eindruck, den Götz bei ihm hinterlassen hat.
d) Zunächst hofft Weislingen noch, durch Götzens Tod seinen Seelenfrieden zu erlangen.
e) Weislingen kann durch das Zerreißen des Todesurteils gegen Götz nur den Schaden begrenzen, den er durch seinen Verrat angerichtet hat. Er kann das zerstörte Vertrauensverhältnis aber nicht wiederherstellen.
f) Weislingen findet auch im Tod keinen Frieden.

Aufgabe 3

a) Nietzsches Gedanke ist so berechtigt wie problematisch: Einerseits kann er das Recht aufzeigen, sich aus überholten oder falschen Bindungen zu lösen; anderseits ist man leicht versucht, Untreue durch Berufung auf sein höheres Selbst zu rechtfertigen. Nietzsches Gedanke beruht auf dem (neuzeitlichen) Vorrang des autonomen Individuums vor Gemeinschaften mit ihren Bindungen.

b) Nach seiner Entscheidung für Adelheid und den Bischof würde Weislingen Nietzsche sicher begeistert zustimmen. In seiner letzten Lebensphase würde er Nietzsche vermutlich als Verführer ablehnen und argumentieren, dass er in der Zeit seiner Verlobung mit Maria sein „höheres Selbst" gefunden habe.

Weiterführende Anregungen

- Im Anschluss an die Erarbeitung des Verräter-Motivs können die Schüler überprüfen, ob man dieses als strukturbildendes Element des ganzen Dramas erfassen kann. Diese These ließe sich folgendermaßen belegen: Rückgewinnung des treulosen Weislingen, neue Verbindung und Verbrüderung, Weislingens erneuter Treuebruch, Kampf mit dem Abtrünnigen (Reichsexekution durch ihn veranlasst), Weislingens Untergang als Strafe für den Verrat, Götzens Untergang als Folge des Verrats.
- Die Schüler können darüber hinaus das ebenfalls im Drama verwendete Motiv der verfeindeten Brüder („Castor und Pollux"; S. 22, Z. 6 f.; „ein Zwillingsbruder seines Freunds"; S. 22, Z. 14) untersuchen, das im Sturm und Drang sehr beliebt war. In diesem Zusammenhang könnte man Weislingens Kampf gegen Götz als Versuch interpretieren, sich vom stärkeren „Bruder" zu lösen.

Zur Kopiervorlage Seite 61: DIE SPRACHE DER FIGUREN

Mithilfe dieser Kopiervorlage gewinnen die Schüler einen Eindruck von den unterschiedlichen Sprachmerkmalen der Figuren und deren Funktion im Drama. Die beiden Zitate der ersten Aufgabe, die den Unterschied zwischen der Sprache des Hofes (Liebetraut) und der Sprache der Burg (Götz) anschaulich machen, können auf Folie kopiert und in der Gruppe gemeinsam besprochen werden. Auf diese Weise werden Kategorien für eine eigenständige Untersuchung von vorgegebenen Textstellen in Aufgabe 3 bereitgestellt. Indem die Schüler hierbei aufgrund ihrer Ergebnisse den Zitaten die passenden Sprecher zuordnen, wird ihnen die Möglichkeit der individuellen Darstellung und Charakterisierung von Figuren durch sprachliche Eigenheiten bewusst gemacht. Der kurze Informationstext über die sprachliche Gestaltung des Dramas in Aufgabe 2 liefert weitere Informationen, die sich ohne genauere Kenntnisse nicht aus den Zitaten ableiten lassen. Weisen Sie die Schüler im Unterrichtsgespräch darauf hin, dass die Sprache der einzelnen Figuren zudem abhängig vom Kontext und vom jeweiligen Gesprächspartner ist. So spricht z. B. Adelheid mit Weislingen anders als mit Franz.

Lösung

Aufgabe 1

Liebetraut: bildreiche Sprache; Sachverhalte werden indirekt ausgedrückt; psychologische Erwägungen; komplexe Syntax; Verwendung von Fremdwörtern

Götz: einfache Sprache; direkte Aussagen; reihende Aufzählung; umgangssprachliche Begriffe

Aufgabe 2

Merkmale von Goethes „Götz":

- In Prosa verfasst
- Verwendung von Schimpfwörtern und volkstümlichen Ausdrücken
- Sprache als Mittel der Individualisierung (Charakter, Stand, Situation)
- Zeitkolorit durch Verwendung von Frankfurter Dialekt sowie Wortschatz aus dem 16. Jahrhundert (Quellen: Lutherbibel, Biografie des historischen Götz von Berlichingen)

Aufgabe 3

a) Bruder Martin (S. 12, Z. 25–27): gehobene Stilebene: Wortwahl und Satzbau an Bibelsprache angelehnt, Bezugnahme auf die Bibel (Mönch)

b) Olearius (S. 26, Z. 17–19): gehobener Stil: Verwendung von Fremdwörtern (studierter Jurist)

c) Maria (S. 31, Z. 11–14): mittlere Stilebene: klare, einfache Sätze; keine Verwendung von Bildern (Schwester eines Ritters)

d) Adelheid (S. 52, Z. 12–15): gehobener Stil: Verwendung von Fremdwörtern und Sprachbildern, komplexer Satzbau (Dame am Hof)

e) Metzler (S. 99, Z. 1 f.): niedrige Stilebene: einfacher Satzbau, Schimpfwörter („Hund", „Esel"), dialektaler Einschlag (*trenteln*: mundartl. für „trendeln" = „trödeln / zögern") (Anführer des Bauernaufstands)

f) Zigeunermutter (S. 107, Z. 10 f.): niedriger Stil: einfache Wortwahl, verkürzte Wortformen („dürr"), verkürzter Satzbau (Wegfall des Pronomens „er") (Zigeunerin)

DAS LEITMOTIV DER EISERNEN HAND

i

In der Literaturwissenschaft versteht man unter einem **Motiv** einen erzählerischen Baustein, der in Werken unterschiedlicher Epochen immer wieder auftauchen kann. Von einem Motiv spricht man in verschiedenen Zusammenhängen: Unter anderem kann es sich um ein bestimmtes Verhältnis zwischen Figuren (z. B. „feindliche Brüder"), ein Gefühl (z. B. „Eifersucht"), einen Menschentypen (z. B. „den Geizigen") oder Gegenstände (z. B. „ein Gewitter" oder „ein Schloss") handeln. Dass der literarische Götz von Berlichingen wie sein historisches Vorbild eine eiserne Handprothese trägt, ist nicht nur der Detailtreue des Autors Goethe zu verdanken. Vielmehr ist die körperliche Versehrtheit von Figuren ein weitverbreitetes Motiv (z. B. der Klumpfuß des Richters Adam in Heinrich von Kleists „Der zerbrochene Krug"). Zudem bekommt die „eiserne Hand" im Drama eine symbolische Bedeutung, die sich durch das gesamte Werk zieht. In einem solchen Fall spricht man von einem **Leitmotiv**.

1. Im ersten Akt des Dramas „Götz von Berlichingen" spielen „Hände" in unterschiedlichen Situationen und Redewendungen eine Rolle.
   a) Erklären Sie unter Berücksichtigung des Kontexts, welche Bedeutung die „Hand" in den folgenden Textstellen hat.
   b) Finden Sie mindestens zehn ähnliche Stellen im ersten Akt und notieren Sie stichwortartig deren Bedeutung.
   c) Fassen Sie die Bedeutungen des Motivs im ersten Akt zusammen, indem Sie einen kurzen Artikel zum Stichwort „Hand" für ein Goethe-Wörterbuch schreiben.

Metzler: „[Weislingen ist d]es Bischofs rechte Hand, [...]." (S. 5, Z. 18)

Martin: „Arme schwache Hand, von jeher gewöhnt Kreuze und Friedensfahnen zu führen [...]?" (S. 11, Z. 31 f.)

(Er [Götz] reicht ihm die linke Hand.) (S. 12, Z. 36)

Götz: „Meine Rechte, obgleich im Kriege nicht unbrauchbar, ist gegen den Druck der Liebe unempfindlich." (S. 13, Z. 4–6)

2. Welche symbolische Bedeutung hat das Leitmotiv der „eisernen Hand" im Drama „Götz von Berlichingen"? Wählen Sie aus den drei Vorschlägen denjenigen aus, der Ihnen plausibel erscheint. Begründen Sie Ihre Auswahl mithilfe geeigneter Textbelege aus dem ersten Akt. Beziehen Sie auch Ihre Ergebnisse aus der ersten Aufgabe in Ihre Überlegungen ein.

○ Die eiserne Hand ist ein Zeichen von Lebenskraft und Stärke der Figur.

○ Die eiserne Hand ist ein Zeichen von Verwundbarkeit und Schwäche der Figur.

○ Die eiserne Hand symbolisiert die Differenz zwischen Götzens Zielen und der Möglichkeit, sie in seiner Zeit zu verwirklichen.

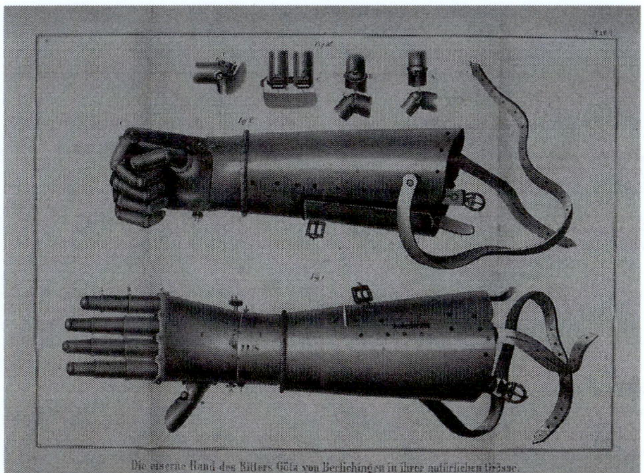

Die eiserne Hand des GÖTZ VON BERLICHINGEN, entstanden um 1510 (Stahlstich aus dem 19. Jahrhundert)

MONOLOGE IM ERSTEN AKT

Weil in einem Schauspiel normalerweise mehrere Personen miteinander sprechen (Dialog), ist es von Bedeutung, wenn einmal jemand mit sich selbst spricht (Monolog).

1. Untersuchen Sie die Monologe im ersten Akt des „Götz". Fassen Sie den Inhalt kurz zusammen und geben Sie an, was der jeweilige Monolog für das Verständnis des Geschehens leistet.

Götz (S. 7, Z. 26 – S. 8, Z. 5): ______________________________

____

Bedeutung: ______________________________

Georg (S. 14, Z. 16 – 20): ______________________________

____

Bedeutung: ______________________________

Weislingen (S. 21, Z. 7 – 21): ______________________________

____

Bedeutung: ______________________________

Weislingen (S. 34, Z. 25 – S. 35, Z. 2): ______________________________

____

Bedeutung: ______________________________

Franz (S. 37, Z. 29 – 36): ______________________________

____

Bedeutung: ______________________________

2. Liebetrauts Äußerung am Ende von I, 4 (S. 31, Z. 1 f.) ist kein Monolog, sondern ein Beiseitesprechen (A-part-Sprechen). Erklären Sie kurz den Unterschied zum Monolog.

3. Tragen Sie Ihre Erkenntnisse über die Bedeutung der Monologe im Plenum zusammen.

4. Untersuchen Sie die Äußerung des Reiters auf S. 18, Z. 19. Benennen Sie deren Inhalt und Bedeutung und prüfen Sie, ob man sie als Monolog bezeichnen darf.

____

____

____

MENSCHEN HANDELN IM DRAMA

1. Bestimmen Sie, welchen Sprechakt der Sprecher mit den beiden folgenden Äußerungen vollzieht. Kreisen Sie Zutreffendes ein.

a) Sören sagt zu Markus: „Du hast meinen Helm geklaut.“
→ Sören ermahnt / beschimpft / beschuldigt / verrät Markus.

b) Der Lehrer sagt zu Ella, als diese ihren Aufsatz vorgelesen hat: „Toll, du kannst Lehrerin werden!“
→ Der Lehrer begrüßt / beglückwünscht / tadelt / entschuldigt Ella.

i

Sprachliches Handeln
Die Figuren im Drama handeln nicht nur, indem sie etwas tun, sondern vor allem auch, indem sie etwas sagen. Dafür gibt es den Begriff des *sprachlichen Handelns* oder des *Sprechakts*. Welcher Sprechakt vollzogen wird, hängt vom situativen Kontext der Äußerung ab. Wenn z. B. ein Lehrer am Stundenende sagt: „Nicht die Klingel, sondern ich beende den Unterricht“, dann *weist* er alle *zurecht*, die schon ihre Sachen wegpacken. Er *verteidigt* sein Recht, den Unterricht zu beenden; vielleicht *drückt* er auch seinen Ärger *aus*.

2. Erklären Sie anhand des folgenden Beispiels, dass bei den meisten Sprechakten der Kontext der Äußerung für deren Bedeutung entscheidend ist.

In Bertolt Brechts „Leben des Galilei“ sagt der sehr alte Kardinal zu Galilei vor dessen Verhör durch die Inquisition: „So, sind Sie das? Wissen Sie, ich sehe nicht mehr allzu gut, aber das sehe ich doch, dass Sie diesem Menschen, den wir seinerzeit verbrannt haben – wie hieß er doch? [gemeint ist der italienische Priester, Dichter und Philosoph Giordano Bruno, der am 17. 2. 1600 auf dem Scheiterhaufen hingerichtet wurde] – auffallend gleichen.“ Damit droht er dem „Ketzer“ Galileo Galilei den Tod durch Verbrennen an, weil dieser davon ausging, dass sich die Erde um die Sonne drehe und nicht die Sonne um die Erde.

3. Bestimmen Sie den Kontext der folgenden Sätze aus der Lektüre. Benennen Sie dann den Sprechakt, den der Sprecher mit seiner Äußerung jeweils vollzieht.

„Die Ursachen lassen sich herunterbeten wie ein Rosenkranz.“ (S. 39, Z. 33 f.)

„Habt Ihr mir noch was zu sagen?“ (S. 48, Z. 16)

„Das ist eine weitläufige Kommission.“ (S. 40, Z. 7)

„Es ist zu spät! Wir bleiben hier.“ (S. 49, Z. 11)

„Ihr werdet nicht verlangen dass ich meinen Eid brechen soll.“ (S. 44, Z. 25 f.)

„Das kann ich doch alle tun, unbeschadet Berlichingens und unserer Verbindung.“ (S. 49, Z. 19–21)

„Erzählt das Mädchen die den Teuerdank lesen, und sich so einen Mann wünschen.“ (S. 47, Z. 11 f.)

WEISLINGEN WIRD UMGARNT (SZENENANALYSE II, 6)

i

Die Szenenanalyse

1) Bestimmen der Ausgangssituation der Figuren: In welcher Situation befinden sich die Figuren? Was weiß ich bereits über sie bzw. ihre Vorgeschichte?
2) Untersuchen des Gesprächsverlaufs: Was ist das Thema / sind die Themen des Gesprächs? Wie sprechen die Figuren miteinander (Anrede, Tonfall, Sprachebene, Stil usw.)? Wer bestimmt Thema und Gesprächsverlauf (insgesamt bzw. in Abschnitten)? Welche Gesprächsanteile haben die Figuren jeweils? Was tun sie im Verlauf des Gesprächs (bitten, drohen, berichten, klagen usw.)? Hören sie einander zu? Versteht einer den anderen? Was ist das Ergebnis des Gesprächs (für jede Figur)?
3) Einordnen der Szene in den Gesamtzusammenhang: Was bedeutet die Szene für das weitere Geschehen? (bei Kenntnis des gesamten Stücks)

Analysieren Sie die Szene II, 6 unter Berücksichtigung der Ausgangssituation, des Gesprächsverlaufs und des Gesprächsergebnisses.

Ausgangssituation (II, 1; II, 3; II, 5; Anfang II, 6 bis S. 46, Z. 12):

Gesprächsverlauf

S. 46, Z. 13–21: Adelheid wirft Weislingen vor, dass er nicht an ihr interessiert sei. Weislingen weist diesen Vorwurf als unzutreffend zurück.

S. 46, Z. 22–S. 47, Z. 2:

S. 47, Z. 3–10:

S. 47, Z. 11–26:

S. 47, Z. 27–S. 48, Z. 10:

S. 48, Z. 11–34:

S. 49, Z. 1–4:

Gesprächsergebnis für Weislingen

Gesprächsergebnis für Adelheid

DIE FORM DES DRAMAS – EINE ÜBERSCHREITUNG ALLER THEATERGRENZEN?

1. Im 18. Jahrhundert galten überwiegend die Regeln der drei Einheiten, die auf die Poetik des Aristoteles zurückgingen. Lesen Sie den kurzen Informationstext und halten Sie fest, worin diese bestanden.

i

Das geschlossene Drama

Die Dramen der Aufklärung und der deutschen Klassik weisen einen in sich geschlossenen Handlungszusammenhang auf: Die einzelnen Szenen hängen sachlich miteinander zusammen und führen zu einem bestimmten Ergebnis. Meist spielen sie innerhalb eines oder weniger Tage an einem einzigen größeren Schauplatz. Es treten wenige Personen auf; die Rollen von „Held" (Protagonist) und Gegenspieler sind klar verteilt. Der Literaturwissenschaftler und Schriftsteller Gustav Freytag hat für diese Dramenform 1863 den Begriff des geschlossenen Dramas eingeführt, der u. a. für Einheit von Ort, Zeit und Handlung steht. Seit der Epoche des Sturm und Drang entwickelte sich eine neue Form, das sogenannte offene Drama.

2. Untersuchen Sie den dritten Akt des „Götz" und zeigen Sie begründet, gegen welche der drei Einheiten Goethe hier verstößt.

Szenen	Orte	Zeitstruktur	Figuren / Handlung
III, 1	Augsburg. Ein Garten	einige Wochen später als II, 10 (S. 57, Z. 3–5 ↔ S. 56, Z. 21)	Kaufleute bitten den Kaiser um Hilfe gegen Götz von Berlichingen. Weislingen überredet den Kaiser, Maßnahmen zu ergreifen.
III, 2	Jagsthausen	unbestimmt	Sickingen bittet Berlichingen um die Hand seiner Schwester.

3. Formulieren Sie auf der Grundlage Ihrer bisherigen Ergebnisse eine kurze Definition des offenen Dramas.

4. Diskutieren Sie die folgende Aussage aus Goethes „Dichtung und Wahrheit" aus dem Jahr 1814. Ist der Dichter seinem darin formulierten Anspruch gerecht geworden?

Das Leben des biedern Götz von Berlichingen,
von ihm selbst geschrieben, trieb mich in die historische Behandlungsart,
und meine Einbildungskraft dehnte sich dergestalt aus, dass auch meine
dramatische Form alle Theatergrenzen überschritt und sich den lebendigen
Ereignissen mehr und mehr zu nähern suchte.

DAS VERRÄTER-MOTIV IM „GÖTZ“

1. Sickingen nennt Weislingen zweimal einen „Verräter“. Untersuchen Sie, welche Bedeutungsnuance das Wort im jeweiligen Zusammenhang hat.
a) Erarbeiten Sie den Kontext der beiden Textstellen.
b) Wählen Sie aus den vorgegebenen Synonymen zum Wort „Verräter“ diejenigen aus, die Ihrer Meinung nach am besten passen. Überprüfen Sie Ihre Auswahl mithilfe einer Ersatzprobe.

Abtrünniger | Angeber | Denunziant | Irrgläubiger | Petzer

Spion | Treuloser | Überläufer | Wortbrecher

„Er hat ein doppeltes Band zerrissen. Wohl Euch dass Ihr mit dem ______________________ nicht näher verwandt worden.“ (S. 60, Z. 3 f.)

„Vergiss einen ______________________. Wir wollen seine Anschläge vernichten, sein Ansehn untergraben [...].“ (S. 92, Z. 3 f.)

2. Weislingen erlebt den Verrat als Suche nach seiner Identität. Skizzieren Sie seine Entwicklung.

a) S. 34, Z. 31 – S. 35, Z. 2: Durch die Verlobung mit Maria hofft Weislingen, sich vom Bamberger Hof zu lösen und ein Leben in Freiheit führen zu können.

b) S. 46, Z. 33 – S. 47, Z. 2 / S. 47, Z. 9 f. / S. 48, Z. 16 – 19:

____

c) S. 53, Z. 16 – 19 / S. 53, Z. 23 – 25:

____

____

d) S. 106, Z. 26 – 29:

____

e) S. 113, Z. 13 f.:

____

____

f) S. 114, Z. 16 – 31:

____

3. Gut hundert Jahre nach Erscheinen des „Götz“ hat sich Friedrich Nietzsche zum Thema „Verrat“ geäußert.
a) Diskutieren Sie die Berechtigung und die Problematik seiner Gedanken.
b) Überlegen Sie, was Weislingen in den unterschiedlichen Phasen seines Lebens dazu gesagt hätte.

Weil man Treue geschworen, vielleicht gar einem rein fingierten Wesen wie einem Gotte, weil man sein Herz hingegeben hat [...] – ist man nun unentrinnbar fest gebunden? Ja, haben wir uns denn damals nicht selbst betrogen? War es nicht ein hypothetisches Versprechen, unter der freilich nicht laut gewordnen Voraussetzung, dass jene Wesen, denen wir uns weihten, wirklich die Wesen sind, als welche sie in unserer Vorstellung erschienen? Sind wir verpflichtet, unsern Irrtümern treu zu sein, selbst mit der Einsicht, dass wir durch diese Treue an unserm höheren Selbst Schaden stiften?

Friedrich Nietzsche: Werke in drei Bänden, Bd. 1. München 1954, S. 723.

DIE SPRACHE DER FIGUREN

1. Beschreiben Sie die Sprache, die in den beiden abgebildeten Zitaten verwendet wird. Was fällt Ihnen daran auf? Wie erklären Sie sich die Unterschiede?

„Erst tat ich, als wüsst ich nichts, verstünd nichts von seiner Aufführung, und setzt ihn dadurch in Desavantage die ganze Historie zu erzählen. Die sah ich nun gleich von einer ganz andern Seite an als er, konnte nicht finden – nicht einsehen – Und so weiter. [...] Wie er nun in sein Herz ging, und das zu entwickeln suchte, und viel zu sehr mit sich beschäftigt war um auf sich Acht zu geben, warf ich ihm ein Seil um den Hals, aus drei mächtigen Stricken, Weiber- Fürstengunst und Schmeichelei gedreht, und so hab ich ihn hergeschleppt.“ (Liebetraut; S. 43, Z. 5–20)

„Könnt Euch ein hübsches saubres Kleid geben, ist zwar nur leinen. Mir ist's zu eng worden. Ich hatt's auf der Hochzeit meines gnädigen Herrn des Pfalzgrafen an, eben damals als Euer Bischof so giftig über mich wurde. [...] Da wurd's Männlin so rot am Hals wie ein Krebs vor Zorn, und lief in die Stube zu Pfalzgraf Ludwig und dem Fürsten von Nassau und klagt's ihnen. Wir haben nachher uns oft was drüber zugute getan.“ (Götz; S. 18, Z. 32–S. 19, Z. 18)

2. Lesen Sie den folgenden Informationstext. Halten Sie stichwortartig fest, welche Besonderheiten Goethes „Götz“ im Vergleich zu vorangegangenen Werken aufweist.

Während sich die Dramen der vorangegangenen Jahrhunderte überwiegend durch gebundene Sprache und einen gehobenen Sprachstil auszeichneten, ging Goethe mit seinem „Götz von Berlichingen“ neue Wege. Seine Figuren sprechen nicht in Versen, sondern in Prosa und verwenden z. T. volkstümliche Ausdrücke oder sogar Schimpfwörter. So wäre das berühmte Götz-Zitat „Er aber [...] kann mich im Arsch lecken“ (S. 77, Z. 16 f.) in einem Drama des Barocks oder auch der Aufklärung kaum vorstellbar gewesen. Auf diese Weise gewann Goethe ein zusätzliches Mittel, seine Figuren individuell gemäß ihrem Charakter, ihrer sozialen Umgebung und der Situation, in der sie sich befinden, zu gestalten. Darüber hinaus bemühte er sich, seinem Drama ein gewisses Zeitkolorit zu verleihen, indem er neben dem Frankfurter Dialekt Ausdrücke des 16. Jahrhunderts einfließen ließ. Dabei griff er auf Quellen wie die Biografie des historischen Götz von Berlichingen sowie auf die Lutherbibel aus dem Jahr 1534 zurück.

3. Ordnen Sie die Zitate den jeweiligen Sprechern zu und beschreiben Sie sprachliche Auffälligkeiten (Wortwahl, Stilebene, Satzbau). Stellen Sie einen Zusammenhang zwischen der Figur und ihrem Beruf bzw. sozialen Stand her.

a) „Wohl dem, der ein tugendsam Weib hat! des lebet er noch eins so lang. Ich kenne keine Weiber, und doch war die Frau die Krone der Schöpfung.“

c) „Ich bitte Euch lasst mich. Einen Kuss hab ich Euch zum Gott's-pfenning erlaubt, Ihr scheinet aber schon von dem Besitz nehmen zu wollen, was nur unter Bedingungen Euer ist.“

b) „Den kenn ich wohl, ein junger Herr von vielen Fähigkeiten. Besonders rühmt man ihn wegen seiner Stärke im Disputieren.“

d) „[M]öchtest du doch diese Quintessenz des männlichen Geschlechts, den Phönix Weislingen zu Gesicht kriegen! Ich ward meines Wunsches gewährt.“

e) „Ihr Hund soll ich euch Bein machen, wie sie haudern und trenteln die Esel.“

f) „Hol mir dürr Holz, dass das Feuer loh brennt wenn dein Vater kommt, wird nass sein durch und durch.“

4. REZEPTIONSGESCHICHTE

EINFÜHRUNG

Die Aufnahme von Goethes „Götz" kann trotz einiger kritischer Stimmen insgesamt als sehr positiv bezeichnet werden (vgl. KV „Erste Stimmen zum ‚Götz'", S. 65). Vor allem die junge Generation des Sturm und Drang reagierte geradezu enthusiastisch auf das Schauspiel, das sämtliche formalen Grenzen (u. a. Einheit von Ort, Zeit und Handlung) sprengte. Besonders euphorisch äußerte sich der Dichter Jakob Michael Reinhold Lenz in seinem Vortrag „Über ‚Götz von Berlichingen'", in dem er die Figur Götz als Vorbild aller Deutschen hervorhebt (vgl. KV „Götz als Vorbild?", S. 66).

Das Schauspiel wirkte vor allem als Lesedrama. Den fiktiven Bericht einer solchen Lesung gibt Goethe im zehnten Kapitel des Zweiten Buchs seines Romans „Wilhelm Meisters Lehrjahre" (1795 / 96): „Jedermann war von dem Feuer des edelsten Nationalgeistes entzündet. Wie sehr gefiel es dieser deutschen Gesellschaft, sich ihrem Charakter gemäß auf eignem Grund und Boden poetisch zu ergötzen!" Dieser Erfolg spiegelt sich auch in der Rezeptionsgeschichte des Stücks wider. Als erstes „Ritterdrama" zog „Götz von Berlichingen mit der eisernen Hand" in den nächsten Jahrzehnten mindestens 38 vergleichbare Stücke nach sich. Walter Scott übersetzte das Werk 1799 ins Englische und begründete mit „Ivanhoe" 1820 den Ritterroman. In Frankreich lobte Madame de Staël Goethes „Götz" in ihrem Buch „De l'Allemagne" (1813), was zur Übersetzung von Goethes Werken ins Französische und zur Begründung des französischen romantischen Dramas führte.

Obwohl eine Aufführung durch die große Anzahl der auftretenden Personen sowie die häufigen Szenenwechsel erschwert wurde, fand die Uraufführung bereits am 12. April 1774 in Berlin statt, im Oktober 1774 folgte die zweite Inszenierung in Hamburg. In den nächsten beiden Jahrzehnten gab es zahlreiche weitere Aufführungen, dann erlahmte das Interesse. „Es ist vornehmlich das patriotisch altdeutsche Interesse, das die Bühnenrezeption im späten 19. und in der ersten Hälfte des 20. Jahrhunderts prägte" (Volker Neuhaus, a. a. O., S. 97). Im 20. Jahrhundert wurde das Stück deshalb überwiegend auf Freilichtbühnen gespielt. Modernere Inszenierungen, wie die des Linzer Theaters Phönix aus dem Jahr 2008, entwickeln eigene Konzepte, um einen neuen Zugang zu dem Stück zu ermöglichen, der über das rein Volkstümliche hinausgeht. Falls es der zeitliche Rahmen zulässt, können sich die Schüler abschließend mit dieser oder einer anderen Inszenierung des Lesedramas auseinandersetzen und sich Gedanken zu einer eigenen Aufführung machen.

Lernziele

- Die Schüler lernen die Theaterzensur und ihr Wirken um 1900 kennen.
- Sie setzen sich mit Zeugnissen unterschiedlicher Rezeption des Stücks auseinander.

Zur Kopiervorlage Seite 65: ERSTE STIMMEN ZUM „GÖTZ"

„Und nun meinen lieben Götz! Auf seine gute Natur verlass ich mich, er wird fortkommen und dauern. Er ist ein Menschenkind mit viel Gebrechen und doch immer der Besten einer. Viele werden sich am Kleid stoßen und einigen rauen Ecken. Doch hab ich schon so viel Beifall, dass ich erstaune. Ich glaube nicht, dass ich so bald was machen werde, das wieder das Publikum findet." So äußerte sich Goethe selbst Mitte August 1773 in einem Brief an seinen Freund Johann Christian Kestner zu seinem zwei Monate zuvor im Selbstverlag erschienenen „Götz von Berlichingen". Insgesamt gab ihm der weitere Erfolg seines Lesedramas recht: 1774 erschien bereits die zweite Auflage. In der Kritik wurden verschiedene Aspekte des Stücks diskutiert: Vor allem die eigenwillige Sprache der Figuren, die lockere Szenenfolge sowie die patriotische Bedeutung fanden in den ersten Jahren Beachtung.

Die Kopiervorlage bietet einen Querschnitt der zeitgenössischen Rezensionen, aus denen die Schüler zentrale Punkte herausarbeiten. In Abgrenzung dazu finden sie dann Kategorien, anhand derer sich die Bedeutung des Stücks in der heutigen Zeit hervorheben lässt. Auf dieser Grundlage wird abschließend eine eigene Besprechung des Dramas verfasst.

Lösung

Aufgabe 1

Aspekte, die in den Textauszügen besprochen werden:

- Patriotismus als Thema → „vaterländisches Schauspiel" (1); Götz als aufrichtiger Patriot (3)
- Sprache → Kritik an der Unnatürlichkeit (2)
- Bedeutsamkeit des Stoffs → Götz als Stück aus einer bedeutsamen Epoche der deutschen Geschichte (3)
- Historische Treue → Abweichungen in der Literatur erlaubt (4)
- Form → Abweichungen von der geschlossenen Dramenform als Nachahmung Shakespeares (5)
- Spielbarkeit → Stück lässt sich nicht aufführen, d. h. ist auch kein Schauspiel (5)

Aufgabe 2

Vermutlich spielen der patriotische Charakter des Stücks, die historische Treue, die Bedeutsamkeit des Stoffs und die „Nähe" zu Shakespeare für die Schüler keine Rolle. Sprache und Spielbarkeit sind für sie wahrscheinlich wichtiger.

Aufgabe 3

Bedeutsame Aspekte, die von den Schülern in ihrer Würdigung aufgegriffen werden könnten:

- Charakter und Lebensführung des Protagonisten: aufrechter Charakter, Lebenslust, Fürsorge für seine Leute
- Treue und Loyalität seiner Untergebenen und Familie (Elisabeth, Georg, Lerse)
- Die Welt des Mittelalters

- Die Rolle der Frau (Elisabeth als wenig emanzipiert, dem Mann untertan; Adelheid als „karrierebewusste“ Intrigantin)
- Das Schwanken Weislingens (Schwäche und Verrat als zeitlose Themen)
- Unterschiedliche Rechtsvorstellungen (Landfrieden vs. Faustrecht)
- Götzens Konflikt im Bauernkrieg
- Götzens Untergang (das Individuum, das an einer neuen gesellschaftlichen Ordnung zerbricht)

Zur Kopiervorlage Seite 66: GÖTZ ALS VORBILD?

Der auf dieser Kopiervorlage abgebildete Vortrag des Schriftstellers Jakob Michael Reinholz Lenz (1751–92), der in Straßburg eine Zeit lang zum literarischen Kreis um den Aktuar Johann Daniel Salzmann gehörte, der Goethe kannte und bewunderte (und vergeblich um dessen Exfreundin Friederike Brion warb), stellt ein enthusiastisches Lob des Schauspiels dar. Lenz hebt darin vor allem das „Deutsche“ an Goethes „Götz“ hervor. Deshalb lässt sich das Arbeitsblatt sinnvoll im Zusammenhang mit der Kopiervorlage „Einer der ‚edelsten Deutschen‘?“ (S. 11) bearbeiten.

Die Aufgaben zielen darauf ab, Lenz' eigenwillige Sicht, die sich mit Goethes Intention deckt, herauszuarbeiten und der eigenen Lesart des Stücks gegenüberzustellen.

Lösung

Aufgabe 1

Zentrale Aussagen des Vortrags:
- Aufforderung, die Theaterfigur Götz nachzuahmen
- Feststellung, dass es keine richtigen Deutschen mehr gebe
- Hervorheben bestimmter Charakterzüge und Verhaltensweisen der Figur (Bescheidenheit, Männlichkeit, Einsatz für Familie und Freunde; Vergleich mit der untergehenden Sonne)
- Metapher vom Welttheater: der Mensch als Akteur auf der Bühne des Lebens → Aufführung des Schauspiels „Götz“ als Inspiration für die eigene „Rollenfindung“
- Plädoyer für eine Aufführung des Stücks

Aufgabe 2

Das Bild der Schüler hängt auch vom Verlauf des Unterrichts ab. Vermutlich werden sie u. a. erwähnen, dass Götz auf seinen guten Namen bedacht ist, dass er sich gegenüber Fremden aufgeschlossen zeigt, dass er als Raubritter operierte und dass die aufständischen Bauern ihn in einen unlösbaren Konflikt gebracht haben.

Aufgabe 3

Aspekte, die die Schüler möglicherweise positiv bewerten:
- Fürsorge für seine Leute und das Vertrauen in seine Frau
- Festhalten an seinem Freiheits-Ideal bis in den Tod

Aspekte, die die Schüler möglicherweise negativ bewerten:
- Ablehnen neuer Institutionen (Landfrieden und gerichtliche Klärung von Streit), stattdessen Festhalten an alten Strukturen, die nicht mehr zeitgemäß sind (Absicherung der Freiheit durch persönliche Verbindungen und Genossenschaft)
- Überfälle auf unbeteiligte Kaufleute → Lebensunterhalt wird z. T. durch Diebstahl bestritten

Aufgabe 4

Zu berücksichtigender Aufbau:
- Einleitung (Anknüpfen an Lenz' Vortrag, ggf. auf Beziehung zwischen Goethe und Lenz eingehen)
- Benennen von Übereinstimmungen
- Benennen von Punkten, in denen man anderer Ansicht ist (höfliche Form, Stützen durch Argumente und ggf. Textbelege)
- Schlussteil, in dem die Gesamteinschätzung des Stücks zum Ausdruck kommt

Auf jeden Fall sollten die Einschätzungen der Figur Götz (vgl. Aufgabe 3) in die Bewertung einfließen und mithilfe geeigneter Textbelege gestützt werden. Es ist zu erwarten, dass die Theater-Metapher von den Schülern eher abgelehnt wird, weil sie sich wahrscheinlich als „Herren“ ihrer Lebensentscheidungen begreifen. Auch den Vorbildcharakter des Stücks für das eigene Leben können viele Schüler vermutlich nicht nachvollziehen: Aller Wahrscheinlichkeit nach werden sie das von Lenz abgelehnte „normale“ Leben dem im Vortrag propagierten Handlungspathos vorziehen.

Weiterer Unterrichtsvorschlag

Abschließend können sich die Schüler mit verschiedenen Inszenierungen des Dramas auseinandersetzen (zur Aufführungsgeschichte siehe Infokasten, S. 64) und sich Gedanken zu einer eigenen Aufführung machen. Welche Aspekte sind heute noch von Bedeutung und sollten hervorgehoben werden? (Zu den zentralen Themen gehören sicherlich Freiheit vs. Abhängigkeit, Treue und Verrat.) Auf welche Szenen und Rollen kann man verzichten? (Kampfszenen lassen sich z. B. durch Berichte ersetzen, Zigeunerszenen und die Bauernhochzeit könnten gestrichen werden.)

Bei einem größeren zeitlichen Rahmen lassen sich die Überlegungen zu möglichen Schwerpunktsetzungen bei einer eigenen Inszenierung erweitern: Zum Beispiel können die Schüler Bühnenbilder und Kostüme entwerfen. Auch die Frage nach einer Modernisierung der Sprache lässt sich stellen. Wenn man sich dafür entscheidet, sollte auf jeden Fall darauf geachtet werden, dass sich der Jurist Olearius sowie die politischen Denker Götz und Weislingen sprachlich von den übrigen Figuren abheben. Eventuell können (z. B. im Rahmen einer Projektwoche) Schlüsselszenen in Gruppenarbeit umgeschrieben und szenisch erarbeitet werden. Hier bietet sich eine fächerübergreifende Erarbeitung mit den Kollegen der Fächer Darstellendes Spiel und Kunst an.

Kleine Aufführungsgeschichte

Goethes „Götz von Berlichingen“ ist als Lesedrama konzipiert. Die große Zahl der Figuren, die häufigen Szenenwechsel und die oft derbe Sprache sprachen gegen eine Aufführung. Trotzdem wurde das Stück mit einigen Umstellungen und Streichungen bereits am 12. April 1774 in Berlin uraufgeführt – in Kostümen des 16. Jahrhunderts statt wie üblich in französischer Hoftracht. Um die Zuschauer besser zu unterhalten, wurde ein Zigeunerballett eingeschoben. Es folgten Inszenierungen in weiteren Städten, z. B. in Hamburg (Oktober 1774), Breslau (1775) und Frankfurt (1778). 1803 begann Goethe selbst, eine Bühnenfassung zu erstellen, die am 22. September 1804 auf der Weimarer Bühne zur Aufführung kam. Da diese Aufführung fünf Stunden dauerte, nahm Goethe weitere Kürzungen vor. Die erneut gekürzte Fassung wurde am 8. Dezember 1804 zum ersten Mal aufgeführt. In den folgenden Jahren unternahm Goethe weitere Überarbeitungsversuche, indem er das Drama zweiteilte. Im 20. Jahrhundert wurde das Stück überwiegend auf Freilichtbühnen gespielt (neben Jagsthausen u. a. in Altusried, Breisach, Nettelstedt, Porta Westfalica, Tecklenburg). Heute wird der „Götz“ jedes Jahr im Rahmen der Burgfestspiele in Jagsthausen gegeben, sonst aber nur relativ selten gespielt.

ERSTE STIMMEN ZUM „GÖTZ“

1. Die folgenden Quellentexte geben darüber Auskunft, wie Goethes „Götz“ von seinen Zeitgenossen aufgenommen wurde. Halten Sie zentrale Aspekte stichpunktartig fest.

„Gelehrte Zeitung für das Frauenzimmer“ (24. Juli 1773)
Zuvörderst meinen herzlichen, heißen Dank, Dir, Edler Deutscher, der du uns andern, auch nicht unedlen Deutschen aus der Schatzkammer Deines Genies dies vaterländische Schauspiel mitgeteilt hast!

In: Alfred Nollau: Das literarische Publikum des jungen Goethe von 1770 bis zur Übersiedlung nach Weimar. Weimar 1935, S. 94.

Gottfried von Bretschneider, Brief an Nicolai (18. August 1773)
Bald reden die Personen so erhaben modern, als wenn sie den Klopstock gelesen hätten, bald künsteln sie mit sehr schlechtem Glück die Sprache des 16. Jahrhunderts nach, bald reden sie wie zärtliche Petit Maîtres [Dandys, Schönlinge], bald wie der niedrigste Pöbel; das Lächerlichste aber ist, dass sie zu Berlichingens Zeiten Anno 1530–50 von Perücken und Büchern in usum delphini [zum Gebrauch des Dauphins, also „jugendfrei“] schwatzen.

In: „Goethe“ – Neue Folge des Jahrbuchs der Goethe-Gesellschaft 23 (1961), S. 331.

Christian Heinrich Schmid, in: „Der Teutsche Merkur“ (1773)
Der Verfasser hat die Geschichte seines Dramas aus dem Zeitpunkte hergenommen, wo Teutschland an tragischen Begebenheiten, heldenmütigen Unternehmungen, Originalcharakteren und echten Nationalgesinnungen, vielleicht zu seinem Unglück, sehr reich war. Der Held der Geschichte ist ein fränkischer Freiherr, der mit der edelsten, rechtschaffensten Denkungsart, dem lebendigsten Patriotismus und der aufrichtigsten Ehrerbietung für das Oberhaupt seines zertrümmerten Vaterlandes den heftigsten Abscheu wider den Übermut und den Unterdrückungsgeist der kleinen fürstlichen Tyrannen vereinigte [...].

Zeitgenössische Rezensionen und Urteile über Goethes „Götz“ und „Werther“. Hg. von Hermann Blumenthal. Berlin 1935, S. 12.

„Magazin der deutschen Kritik“ (1774)
Übrigens wird wohl niemand dem Verfasser daraus einen Vorwurf machen, dass er *seinen* Berlichingen so sehr von dem *in der Historie bekannten* Berlichingen, der keine solche tragischen Schicksale hatte, abweichend vorgestellt hat. Der Dichter schreibt keine Geschichte, und kann denjenigen unglücklich machen, der, da er lebte, es nicht war.

In: Goethe im Urteile seiner Zeitgenossen. Zeitungskritiken, Berichte, Notizen, Goethe und seine Werke betreffend, aus den Jahren 1773 bis 1786. Gesammelt u. hg. von Julius W. Braun. Berlin 1883, S. 417.

„Bisarrerien“ (1775)
Der Verfasser selbst nennt es ein Schauspiel, unstreitig aus keinem andern Grunde, als weil es in Auftritte abgeteilt, und dialogisiert ist. Wenn aber das keine Predigt ist, die nicht gehalten werden kann, so kann auch gewiss das kein Schauspiel heißen, dessen Aufführung, die Stadt Berlin mag es mir verzeihen, unmöglich ist [...]. Es ist abermals ein Beweis von unserm unaufhaltbaren Hange zur Nachahmung. Man hat uns einige Zeit daher so viel von Shakespearn vorgepredigt, dass es kein Wunder ist, wenn einmal ein Genie zu Shakespearisieren versucht hat.

In: Jahrbuch der Sammlung Kippenberg 5 (1925), S. 292 f.

2. Prüfen Sie, welche der in der ersten Aufgabe genannten Punkte für Sie keine Rolle mehr spielen.

3. Überlegen Sie, welche Aspekte des „Götz“ heute von Bedeutung sind. Verfassen Sie eine entsprechende Würdigung des Stücks.

GÖTZ ALS VORBILD?

1. Halten Sie stichwortartig zentrale Aussagen des folgenden Auszugs aus Lenz' Vortrag fest.

Jakob Michael Reinhold Lenz, „Über Götz von Berlichingen" (ca. 1774)

Und ich möchte dem ganzen deutschen Publikum, wenn ich so starke Stimme hätte, zurufen: Samt und sonders ahmt Götzen erst nach, lernt erst wieder denken, empfinden, handeln, und wenn ihr euch wohl dabei befindet, dann entscheidet über Götz.

Also meine werten Brüder! nun ermahne und bitte ich euch, lasst uns dies Buch nicht gleich nach der ersten Lesung ungebraucht aus der Hand legen, lasst uns den Charakter dieses antiken deutschen Mannes erst mit erhitzter Seele erwägen und, wenn wir ihn gut finden, uns eigen machen, damit wir wieder Deutsche werden, von denen wir so weit, weit ausgeartet sind. Hier will ich euch einige Züge davon hinwerfen. Ein Mann, der weder auf Ruhm noch Namen Anspruch macht, der nichts sein will, als was er ist: ein Mann. – Der ein Weib hat, seiner wert, nicht durch Schmeichelei sich erbettelt, sondern durch Wert sich verdient – eine Familie, einen Zirkel von Freunden, die er alle weit stärker liebt, als dass er's ihnen sagen könnte, für die er aber tut – alles dran setzt ihnen Friede, Sicherheit für fremde ungerechte Eingriffe, Freude und Genuss zu verschaffen – sehen Sie, da ist der ganze Mann, immer weg geschäftig, tätig, wärmend und wohltuend wie die Sonne, aber auch ebenso verzehrendes Feuer, wenn man ihm zu nahe kommt – und am Ende seines Lebens geht er unter wie die Sonne, vergnügt, bessere Gegenden zu schauen, wo mehr Freiheit ist, als er hier sich und den Seinigen verschaffen konnte, und lässt noch Licht und Glanz hinter sich. Wer so gelebt hat, wahrlich, der hat seine Bestimmung erfüllt, Gott du weißt es wie weit, wie sehr, er weiß nur so viel davon, als genug ist, ihn glücklich zu machen. Denn was in der Welt kann wohl über das Bewusstsein gehen, viel Freud angerichtet zu haben.

Jakob Michael Reinhold Lenz (1751–1792)

Wir sind alle, meine Herren! in gewissem Verstand noch stumme Personen auf dem großen Theater der Welt, bis es den Direktoren gefallen wird uns eine Rolle zu geben. Welche sie aber auch sei, so müssen wir uns doch alle bereit halten in derselben zu handeln, und je nachdem wir besser oder schlimmer, schwächer oder stärker handeln, je nachdem haben wir hernach besser oder schlimmer gespielt, je nachdem verbessern wir auch unser äußerliches und innerliches Glück.

Was könnte eine schönere Vorübung zu diesem großen Schauspiel des Lebens sein, als wenn wir da uns jetzt noch Hände und Füße gebunden sind, in einem oder andern Zimmer unsern Götz von Berlichingen, den einer aus unsern Mitteln geschrieben, eine große Idee – aufzuführen versuchten. Lassen Sie mich für die Ausführung dieses Projekts sorgen, es soll gar so viel Schwierigkeiten nicht haben als Sie sich anfangs einbilden werden. Weder Theater noch Kulisse noch Dekoration – es kommt alles auf Handlung an.

Text eines Vortrags vor der „Société de Philosophie et des Belles Lettres" in Straßburg. Abgedruckt in: Sturm und Drang. Weltanschauliche und ästhetische Schriften, Bd. 2. Hg. von Peter Müller. Berlin, Weimar 1978, S. 142–144.

2. Vergleichen Sie das in Lenz' Vortrag entworfene Götz-Bild mit Ihrer eigenen Vorstellung von der Hauptfigur.

3. Lenz stellt die Hauptfigur des Dramas als großes Vorbild dar. Nehmen Sie dazu kritisch Stellung: Was erscheint Ihnen persönlich an Götzens Handeln und Denken vorbildlich und was weniger?

4. Verfassen Sie einen Brief an Jakob Michael Reinhold Lenz, in dem Sie zu seinem Vortrag über den „Götz" Stellung beziehen. Gehen Sie darin auch auf die Theater-Metapher ein.

KLAUSURVORSCHLÄGE

VERGLEICHENDE ANALYSE ZWEIER FIKTIONALER TEXTE

Arbeitszeit: zwei Schulstunden
Wertungsverhältnis der Aufgaben: zwei zu drei
Hilfsmittel: Lektüreausgabe „Götz von Berlichingen“; Wörterbuch der deutschen Rechtschreibung

1. Analysieren Sie kurz von Eichendorffs Gedicht „Das zerbrochene Ringlein“. Beachten Sie dabei vor allem den Aufbau und die Darstellung des Geschehens.

Joseph von Eichendorff:
Das zerbrochene Ringlein (1813)

In einem kühlen Grunde
Da geht ein Mühlenrad,
Mein Liebste ist verschwunden,
Die dort gewohnet hat.

Sie hat mir Treu versprochen,
Gab mir ein'n Ring dabei,
Sie hat die Treu gebrochen,
Mein Ringlein sprang entzwei.

Ich möcht als Spielmann reisen
Weit in die Welt hinaus,
Und singen meine Weisen,
Und gehn von Haus zu Haus.

Ich möcht als Reiter fliegen
Wohl in die blut'ge Schlacht,
Um stille Feuer liegen
Im Feld bei dunkler Nacht.

Hör ich das Mühlrad gehen:
Ich weiß nicht, was ich will –
Ich möcht am liebsten sterben,
Da wär's auf einmal still!

Joseph von Eichendorff: Werke in sechs Bänden, Bd. 1. Hg. von Wolfgang Frühwald / Brigitte Schillbach / Hartwig Schultz. Frankfurt a. M. 1987, S. 84.

2. Vergleichen Sie damit das in der Szene „Weislingens Schloss“ (Szene V, 10; S. 111 – 114) beschriebene Geschehen und erklären Sie, wodurch die Unterschiede in der Darstellung der Situation des Verlassenen bedingt sind.

ANALYSE EINES FIKTIONALEN TEXTES MIT WEITERFÜHRENDEM SCHREIBAUFTRAG

Arbeitszeit: drei Schulstunden
Wertungsverhältnis der Aufgaben: eins zu eins
Hilfsmittel: Lektüreausgabe „Götz von Berlichingen“; Wörterbuch der deutschen Rechtschreibung

1. Untersuchen Sie kurz, wie Götz mit Bruder Martin (S. 9, Z. 25 – S. 13, Z. 24) sowie mit dem kaiserlichen Rat und den Bewaffneten (S. 85, Z. 30 – S. 89, Z. 15) spricht.

2. Lesen Sie den folgenden Auszug aus einem Vortrag über „Anredeformen im Deutschen“.
a) Beurteilen Sie auf der Grundlage des Textauszugs, ob Götz gegenüber Bruder Martin, dem kaiserlichen Rat und den Bewaffneten höflich auftritt.
b) Erklären Sie das unterschiedliche Auftreten Götzens gegenüber den verschiedenen Gesprächspartnern.

Luisa Dewitz / Julian Fietkau:
Anredeformen im Deutschen (26. April 2010)

Höflichkeit ist eine *subjektive Qualität* sozialen Handelns. An höflichen Handlungen sind *immer* mehrere Akteure beteiligt. Damit Höflichkeit funktioniert, müssen die Akteure einen gewissen gemeinsamen *Standard* höflichen Handelns teilen.

Nach dem *Face*-System [Brown / Levinson, 1987] gibt es *negative* und *positive* Höflichkeit:
- positive Höflichkeit: sprachliche / soziale Handlungen, die das Selbstbild des Empfängers aktiv stärken, z. B. positive Bestätigung, Herausstellung von Gemeinsamkeiten, Anerkennung
- negative Höflichkeit: sprachliche / soziale Handlungen, die den Empfänger von unangenehmen Konsequenzen abschirmen, seine Autonomie wahren und die Distanz nicht verletzen, z. B. Indirektheit in der Ansprache, Entschuldigungen oder Verzicht auf die Erfüllung von Ansprüchen.

URL: *https://fietkau.plus/old_presentations/anredeformen_im_deutschen.pdf*, S. 23 f. [Stand: 15.05.2023]

LITERATURVERZEICHNIS

TEXTAUSGABE

JOHANN WOLFGANG GOETHE: Götz von Berlichingen. Stuttgart: Reclam 2019.

SEKUNDÄRLITERATUR

Zum Autor

BOERNER, PETER: Johann Wolfgang von Goethe. Reinbek: Rowohlt 1999.

BOYLE, NICHOLAS: Goethe. Der Dichter in seiner Zeit. 2 Bände. Frankfurt a. M.: Insel Verlag 2004.

BUCK, THEO: „Der Poet, der sich vollendet". Goethes Lehr- und Wanderjahre. Köln / Weimar / Wien: Böhlau Verlag 2008.

CONRADY, KARL OTTO: Goethe. Leben und Werk. Frankfurt a. M.: Büchergilde Gutenberg 1994.

HÖFER, ANJA: Johann Wolfgang von Goethe. München: dtv 1999.

JESSING, BENEDIKT u. a. (Hg.): Metzler Goethe Lexikon. Personen, Sachen, Begriffe. Stuttgart / Weimar: J. B. Metzler Verlag 2004 (2. Aufl.).

WILPERT, GERO VON: Goethe-Lexikon. Stuttgart: Alfred Kröner Verlag 1998.

Zum Werk

BERLICHINGEN, GÖTZ VON: Lebensbeschreibung des Ritters Götz von Berlichingen. Ins Neuhochdt. übertragen von Karl Müller. Stuttgart: Reclam 1986 (RUB 1556).

ESTARAMI, EBRAHIM: Selbsthelfer in Zeiten des Umbruchs. Goethes *Götz von Berlichingen*, Schillers *Wilhelm Tell* und Kleists *Hermannsschlacht*. Berlin: Uni-Edition 2005.

GROSSE, WILHELM: Götz von Berlichingen. München: Oldenbourg 1993 (Oldenbourg Interpretationen, Bd. 62).

HINDERER, WALTER: „Götz von Berlichingen". In: Ders. (Hg.): Interpretationen. Goethes Dramen. Stuttgart: Reclam 1992 (RUB 8417), S. 13–65.

NÄGELE, RAINER: „Götz von Berlichingen". In: Ders. u. a. (Hg.): Interpretationen. Dramen des Sturm und Drang. Stuttgart: Reclam 1987 (RUB 8410), S. 7–31.

NEUHAUS, VOLKER: „Götz von Berlichingen". In: Buck, Theo u. a. (Hg.): Goethe-Handbuch. Bd. 2: Dramen. Stuttgart / Weimar: J. B. Metzler Verlag 1996, S. 78–99.

NEUHAUS, VOLKER: Erläuterungen und Dokumente zu Johann Wolfgang von Goethe: Götz von Berlichingen. Stuttgart: Reclam 2003 (RUB 8122).

Zu Gattung und Epoche

HUYSSEN, ANDREAS: Drama des Sturm und Drang. Kommentar zu einer Epoche. München: Winkler 1980.

KARTHAUS, ULRICH: Sturm und Drang. Epoche, Werke, Wirkung. München: C. H. Beck 2007 (2. Aufl.).

LUSERKE, MATTHIAS: Sturm und Drang. Autoren, Texte, Themen. Stuttgart: Reclam 1997.

MARTINI, FRITZ: Geschichte im Drama – Drama in der Geschichte. Spätbarock, Sturm und Drang, Klassik, Frührealismus. Stuttgart: Klett-Cotta 1979.

Internet

http://www.goethezeitportal.de/?id=800 [Dieter Borchmeyer: „DuMont Schnellkurs Goethe"]

https://www.odysseetheater.org/goethe/goethe_10.htm [Goethes Leben und Werk nach Epochen geordnet]

https://www.literaturwissenschaft-online.uni-kiel.de/thematische-vorlesungen/goethe [Vorlesung von Albert Meier: Johann Wolfgang Goethe]

https://de.wikisource.org/wiki/Mein_Fehd_und_Handlungen [Autobiografie des Reichsritters Götz von Berlichingen, Vorlage für Goethes Drama]

https://christine-kunzmann.de/pdf/referat_goetz.pdf [Referat über den historischen Götz und seine Epoche]

https://de.wikisource.org/wiki/ADB:Berlichingen,_Götz_von [Biografie des historischen Götz von Berlichingen]

https://www.uni-muenster.de/FNZ-Online/expansion/europ_expansion/glossar_gesamt.htm [Erläuterungen zentraler Begriffe der Frühen Neuzeit]

http://www.bauernkriege.de [Materialien und Hintergrundinformationen über die Bauernkriege, Wörterbuch des damaligen Deutsch]